www.ingramcontent.com/pod-product-compliance
Lightning Source LLC
Chambersburg PA
CBHW042318090526
44583CB00025BA/3138
9781989880098

به نام مناسب‌ترین واژه‌ها

به رسم محبت به نام خدا

تقدیم به:

از طرف:

کتابچه یادداشت

احساسات، نظرات و اقدامات

جهت استفاده بهتر از کتاب

"وقتی شیرین زبون شدی"

کیانا ۲

از ۳ سالگی تا ۶ سالگی کودک

به قلم نغمه کشاورز

فهرست

پیشگفتار

کیانا چیست؟

طرز کار با کیانا ۲

بهترین شیوه برای پرورش یک کودک موفق

بخش اول: شناخت کودک

بمب انرژی

قبیله من کجاست!

احساس مهم، خاص و مثمر ثمر بودن

خواب

تغذیه

اقدامات ضروری جهت رشد شخصیت کودک و ارتباط و آرامش مادر

سه ویژگی شخصیتی که برای فرزندم می‌خواهم

بخش دوم: در دنیای تو چه می‌گذرد

چرا کودکم بهانه‌جویی می‌کند

شناخت کودک ۳ تا ۶ ساله

شناخت کاسه‌های نیاز

ظرف‌های نیاز انسانی

شناخت واحد فرماندهی کودک

کارکرد مغز

مغز راست و مغز چپ

مغز بالا و مغز پایین

تقویت حافظه

بخش سوم: اقتدار مثبت

- فرزند پروری بااقتدار مثبت چیست؟ گام‌به‌گام تا رسیدن به اقتدار مثبت

گام اول ذهن آگاهی

تمرین کش پول

گام دوم اتصال قبل از اصلاح

گام سوم خداحافظی با ابزارهای ممنوع

گام چهارم تصمیم گیری بکن فرزندم

گام پنجم برنامه ریزی و روال روزانه

تنوع در کنار حفظ روال‌ها

گام ششم شوخ طبعی

گام هفتم به دنیای کودک سفر کنید

قوانین سفر به سیاره فرزند

گام هشتم به کودک احترام بگذارید!

قانون را از فیلتر زیر رد کنید؟

گام دهم صبور و آرام باشیم

تمرین پروانه به همراه نفس کشیدن

تمرین : "۲-۲-۲"

تمرین "دستگاه کپی"

گام یازدهم اعتماد سازی کنیم

اعتمادسازی و اعتبار سازی

گام دوازدهم محدودیت ها

بخش چهارم: ارتباط با کودک

شنیدن مؤثر
درک متقابل
ارزیابی شیوه فرزند پروری والدین

بخش پنجم: پرورش هوش عاطفی

ایی-کیو

رشد هوش هیجانی برای کودکان ۳ تا ۶ سال:

گام اول، شناخت احساسات درونی خود
گام دوم، نام‌گذاری احساسات درونی خود
چرا باید به تعادل روانی برسیم
گام سوم، یافتن دلیل، اتفاق، رفتار و یا نگرشی که این احساس را به وجود آورده است.
گام چهارم، همدلی است
همدلی درک احساس دیگران
گام پنجم یافتن راه‌حل صحیح برای برخورد با مشکلی که این احساس را به وجود آورده.
تمرینات رشد هوش عاطفی و یا EQ
چگونه می‌توانم برای کودکم، یک رهبر هوش عاطفی باشم؟

بخش ششم: بازی خلاقیت

خاطرات نویسنده
چگونه فرزندی خلاق داشته باشم؟
ترامپولین بجای تخت

سؤال پرسیدن
بازی و شرایط بازی
بازی با کودکان دیگر
بازی با پدر و مادر
بازی‌هایی که کودکان به‌تنهایی انجام می‌دهند
سفر به سیاره فرزند
ادا بازی
اسباب‌بازی

بخش هفتم: زبان گفتاری و داستان

چه کنیم که کودکمان به کتاب علاقه‌مند شود

چگونه داستان و کتابی را بخوانیم که کودکمان بیشتر لذت ببرد، بیشتر به آن علاقه‌مند شود و بهتر آن را درک کند.

تصمیمات شما چیست؟

بخش هشتم: توجه زیاد – توقع زیاد

تئوری توجه- توقع

توجه مناسب چیست؟

تفاوت نیازها و خواسته‌ها
تحسین یا تشویق

توقع مناسب چیست؟

انگیزه سازی
احساس استقلال
قدرت بهبودپذیری

من توقع دارم فرزندم مسئولیت‌پذیر باشد.
قوانین خانه و نه قوانین شما
قانون طلایی من و مسئولیت‌های من

بخش نهم:

بدخوابی

بدخوراکی

خوردن و کودک شما

ترس از هیولا، زامبی و تاریکی

هیولا را با هم نقاشی کنید

هیولا را مسخره کنید

کودکتان را سوپر من کنید

نق زدن و بدعنقی

مشکل همیشگی " حوصله‌ام سر رفته است

دروغ‌گویی

فحاشی و تکرار کلمات زشت

کلمات زشتی که کودکتان به کار برده تا کنون بنویسید

مخالفت و جنگ با والدین

وابستگی به تلویزیون، تبلت و یا تلفن والدین

بخش دهم: سخن آخر

- باهم بزرگ شویم

- نقاط قوت

- سه نکته مهمی که از این کتاب آموختید

پیشگفتار

در درجه اول از شما سپاسگزارم که این کتاب را تهیه‌کرده‌اید و وقت می‌گذارید تا مطالبی بسیار مهم، در باب فرزندپروری بخوانید، زمانی که برای آموزش خود می‌گذارید در زندگی فرزند و فرزندان شما یک سرمایه‌گذاری محسوب می‌شود تا در آینده وقت و انرژی کمتری برای حل و روبرویی با مشکلات صرف کنید و به شما تبریک می‌گویم که جزء معدود کسانی هستید که به دنبال آموزش‌های جدید درزمینهٔ پرورش فرزندان هستند.

زمانی که شما عزیزان برای خواندن و اقدام کردن و همچنین ثبت اقداماتی که انجام می دهید می‌گذارید در سرنوشت کودکتان بسیار تاثیرگذار است.

در دنیای امروز متأسفانه بیشتر تمرکز والدین به‌سلامت جسمی و زیبایی ظاهری کودکان است، این‌که چه بخورد، چه بپوشد، چه کنند که کمتر مریض بشـود و چه مهدکودکی بیشتر کلاس‌های آموزشی دارد. اکثر کتبـی که در ایران نگاشتـه شده در جهت آموزش این‌گونه موارد است و البته نمی‌گویم که این موارد مهم نیست اما یک والد کامل، والدی است که به رشد جسمانی، هوش و رشد رفتـاری کودکش هم‌زمان و با تعادل بپردازد.

متأسفانه گروه کمی وقت برای این مهم می‌گذارند که درست زندگی کردن را به کودکانشان بیاموزند. بسیاری از ما والدین از بابت جسمانی و تحصیلی بسیار خوب پرورش یافته‌ایم اما راه‌های ارتباط مؤثر داشتن با دیگران را نیاموخته‌ایم.

من بسیاری از مادران و پدران را دیده‌ام که ساعت‌ها در مراکز خرید برای پیدا کردن لباس و وسایل کودک وقت می‌گذرانند و یا مادرانی که اینترنت را به دنبال دستور غذای جدید و یا کلاس‌های آموزشی زیر و بالا می‌کنند، اما یک ساعت وقت نگذاشته اند به دورن خود بیاندیشند و ترس‌هایشان در زمینه فرزندپروری فکر کنند توانایی‌هایشان و موفقیت هایشان را ثبت کنند .

سؤالات جالبی که کودکشان می پرسد را ثبت کنند و جوابی که به او داده اند و تجربه ای که کسب کرده اند . احساساتی که داشته اند . خستگی ها و لذت ها. اختلاف نظر ها و زمانی که کودکشان بزرگتر می شود همه را از خاطر می برند.

اما شما که این کتابچه را در دست دارید، یک پله جلوتر هستید . بدانید که هر چقدر هم فنون رفتار شناسی و فرزندپروری یکسان باشد اما بازخورد آن با هر کودک متفاوت است. تجربه این که شما خواهید داشت با تجربه هیچ پدر و مادری یکی نخواهد بود. چون انسان‌ها با هم متفاوتند و این زیبایی علم انسان شناسی است.

انسان‌های موفق دنیا، بدلیل اینکه بسیار جواب های خوبی می دانند موفق نبودند بلکه موفق بودند به دلیل اینکه سؤالات خوبی از خود می پرسیدند. این سؤالات هستند که ذهن ما را بکار می‌گیرند و ما را هدایت می‌کنند. این سؤالات خوب بود که تاکنون باعث رشد انسان تا بدین جا شده است.

شما در این کتابچه با سؤالاتی روبرو خواهید شد که برای جمع آوری آن بسیار تلاش، علم و آزمایش بکار رفته است. این سؤالات به شما کمک می کند که عمیقاً به اقدامات و احساسات خود فکر کنید. سؤالات خوبی که باعث می شود ریشه بعضی از توانایی ها و ضعف های خود را در کودکی پیدا کنیم تا بدانیم نتایج اتفاق های گذشته روی شخصیت ما چه بوده است و حال برای کودک خود چگونه با آن روبرو شویم.

پیشگفتار

حتی بسیاری از دوستانی که از کتاب کیانا ۱ استفاده کرده اند برای من نوشته اند، که آن کتاب و سؤال هایش به آنها کمک کرده که به ریشه بعضی از رفتار های خود واقف شوند و بتوانند آن کمبود را برای خود رفع کنند. به طور مثال هما خانمی است که با خواندن سؤالات بخش دلبستگی ایمن متوجه شده بود که به دلیل دلبستگی نا ایمنی که در کودکی داشته است. اکنون یک وابستگی و شیفتگی بیش از اندازه و مخربی به همسر خود دارد که این باعث بسیاری از اختلافات آنها شده بود. دانستن آن تاکنون برای او میسر نبود زیرا خیال می‌کرد اشکال از همسرش است که بی احساس است. اما با سؤالات بخش سوم کتاب کیانا ۱ متوجه شده بود که دلیل بی مهری شوهرش به دلیل رفتار های آزار دهنده خودش است و با کمک به خودش و تغییر در احساسش و در نتیجه در افکار و رفتارهایش متوجه شده بود که چقدر رفتارهای وابسته او باعث ایجاد مشکل می‌کرده است و حالا که تغییر کرده بود او و همسرش هر دو از محبتی که میانشان بود لذت می‌بردند. این موضوع به او کمک کرد که نوع دلبستگی به دو کودکش را نیز تغییر دهد . حال او محیطی با دلبستگی ایمن برای فرزندانش ساخته است.

کیانا چیست؟

کیانا واژه ایست که از حروف ابتدایی عبارت زیر برای راحتی شما درست‌شده است

"**ک**تابچه **ی**ادداشت احساسات، **ن**ظرات و **ا**قدامات "

طرز کار با کیانا ۲:

کیانا ۲ و یا کتابچه یادداشت احساسات، نظرات و اقدامات در کنار کتاب **"وقتی شیرین زبون شدی"** معنی پیدا می‌کند. اگر هنوز کتاب **"وقتی شیرین زبون شدی"** را نخوانده‌اید به شما پیشنهاد می‌کنم که ابتدا آن کتاب را بخوانید.

در کتاب "وقتی شیرین زبون شدی" در هر فصل کتاب مطلبی تازه و راهکارهای مدرن فرزند پروری مناسب با کودک کودک ۳ ساله تا ۶ ساله را می‌خوانید.

بهترین کار خواندن هر فصل و برگشتن به کیانا و ثبت نظرات و اقدامات است. گاهی اوقات راهی که کتاب پیشنهاد می‌کند با راهی که ما می‌رویم یکی است و گاهی بسیار متفاوت. همه ما زمانی که شیوه‌مان را تغییر می‌دهیم، می‌خواهیم بدانیم از این تغییر چه نتیجه و یا نتایجی را دریافت می‌کنیم. در این صورت می‌توانیم، نتایج آنی و نتایج طولانی‌تر را در این کیانا بنویسیم. کیانا به ما کمک می‌کند که بدانیم چه روشی برای کودکمان مناسب‌تر است و چه نتایجی می‌دهد.

بهترین شیوه برای پرورش یک کودک موفق:

بهترین راه برای پیاده‌سازی شیوه‌های مدرن و کارآمد فرزندپروری، اقدام و یادداشت است. زمانی که مطلبی را می‌خوانیم تنها در مغز خود آن را نگه می‌داریم. اما ذهن بسیار سرکش و همین‌طور خلاق است و سعی می‌کند، همه‌چیز را تغییر دهد.

پیشنهاد انسان‌های بزرگ دنیا مانند **بنجامین فرانکلین**[1]، **بیل گیتس**[2] **و برایان تریسی**[3] و بسیاری از بزرگان دیگر این است که نوشتن و تبدیل آنچه در ذهن است به کلمات، ذهن ما را به سمت استفاده از خلاقیت و برنامه‌ریزی و تصمیم‌گیری از روی منطق هدایت می‌کند و اما به قسمت سرکش ذهن نیز اجازه نمی‌دهد که در روند رشدمان دخالتی کند. بزرگان تاریخ، بسیاری از موفقیت‌هایشان را به دلیل نوشتن افکار، اقداماتشان و مرور، مطالعه و بررسی آن نوشته‌ها، می‌دانند.

کتابچه‌ای که در دست دارید با سال‌ها تلاش بی‌وقفه و پس از بررسی‌های علمی روانشناسی و رفتارشناسی طراحی‌شده است، همان‌گونه که پیش‌تر هم اشاره کردم نام این کتابچه، **کیانا** است که خلاصه نام **" کتابچه یادداشت احساسات، نظرات و اقدامات "** می‌باشد. این کتابچه به شما کمک می‌کند که بعد از خواندن هر بخش، به آن مراجعه کنید و نظرات خود را بنویسید. عمیقاً به موضوع بحث شده فکر کنید و خاطرات کودکی خود را نیز در کنار خاطراتی که با کودک

---

[1] Benjamin Franklin
[2] Bill Gates
[3] Brian Tracy

خود دارید می‌توانید بنویسید. کیانا به شما کمک می‌کند که اقدامات خود را برای به‌کارگیری، راهکارهای کتاب نیز بنویسید و نتایجی که دریافت می‌کنید را نیز یادداشت کنید.

زمان کودکی خود را به یاد می‌آورید؟ مطمئناً بسیاری از خاطرات یا وجود ندارد و یا فراموش‌شده‌اند. آیا دوست داشتید یک کتابچه خاطرات داشتید که در آن نوشته‌شده بود، چگونه بزرگ شدید و مادر و پدر شما در هرلحظه از پرورش شما چه احساسی داشتند و یا چه اقداماتی برای شما انجام دادند. مطمئناً بسیاری از ما از خواندن این جزئیات لذت می‌بردیم. حال بیاییم این گنجینه با ارزش را برای آینده ی کودک خود و برای خود تهیه کنیم.

در کتابی که با این کتابچه آمده است، یعنی کتاب **" وقتی شیرین زبون شدی"**، با **روحیات** کودک در سنین ۳ تا ۶ سال و **دنیای واقعی او** آشـنا می‌شویم. با نیازهای **واقعی** او مانند نیاز به خواب، تغذیه، نیازهای اجتماعی، فیزیکی و روانی آشنا می‌شویم و تفاوت آن را با **خواسته‌های** او متوجه می‌شویم. در فصل دوم دلایل کارها و رفتارهایش را می‌شناسیم. بسیاری از مواقع به دلیل اینکه نمی‌دانیم در ذهن او چه می‌گذرد نمی‌توانیم با او ارتباط خوبی برقرار کنیم، پس ابتدا عالم کودکی را خوب می‌شناسیم سپس با چگونگی کارکرد مغز آشنا می‌شویم، شناخت مغز به ما کمک می‌کند که بتوانیم به کودکمان بیشتر نزدیک شویم تا او به ما **اعتماد** کند و بهتر بتواند دلایل حرف‌های ما را درک کند و به حرف‌هایمان گوش کند از طرفی یاد می‌گیریم که ما نیز به او اعتماد کنیم. در فصل‌های بعدی کتاب، به متُد بسیار کارآمد فرزندپروری می‌پردازیم و می‌آموزیم که چگونه یک والد بااقتدار **مثبت** شویم.

والدگری با اقتدار مثبت به ما کمک می‌کند بدون اینکه دعوا، گریه و ناراحتی در خانه باشد با فرزندمان ارتباط بگیریم در این خانه فرزندان از بازی و تعامل لذت می‌برند و والدین نیز **خوشحال‌اند و آرامش** دارند. والدگری بااقتدارمثبت پیش‌نیاز این است که بیاموزیم چگونه با کودک خود ارتباط بگیریم. زمانی که راه‌های **شنیدن و درک کردن** او را یاد گرفتیم او نیز بیشتر ما را درک می‌کند و کمتر با ما مخالفت می‌کند. سپس مبحث **دل‌بستگی ایمن** گفته می‌شود که به ارتباط بهتر با کودک به ما کمک می‌کند کودک یاد می‌گیرد که **سرسختی و لجبازی** را برای همیشه کنار می‌گذارد و **مسئولیت‌پذیر** می‌شود.

در فصل بعد به مبحث بسیار مهم **بازی** می‌پردازیم که تمام زندگی کودک است. چگونه بازی‌ها را هدفدار کنیم که مغز کودک رشد عالی پیدا کند و به کودکی **خلاق و باهوش** تبدیل شود. در ادامه با مبحث **هوش عاطفی** و یا ایی-کیو آشنا می‌شویم تا بتوانیم به کودکانمان یاد دهیم که با شکست‌ها و مشکلات به‌عنوان یک فرصت برای پیدا کردن راه‌حل درست، روبرو شوند و یاد بگیرند به‌جای اینکه عصبانیت را با گریه و طغیان نشان دهند، به دنبال راه‌حل بگردد. در فصل بعدی می‌آموزیم که چگونه به **زبان گفتاری و نوشتاری** کودک کمک کنیم و ذهن او را برای رفتن به مدرسه آماده کنیم. در ادامه همین بخش به اهمیت داستان‌ها و قصه‌ها می‌پردازیم.

توجه و توقع والدین از کودک کلید موفقیت او در آینده است. زمانی که بدانیم میزان بهینه‌ی **توجه و توقع** والدین چقدر باید باشد و آن را به کار بگیریم می‌توانیم مطمئن شویم که کودک ما به بهترین‌ها در هر زمینه‌ای دست می‌یابد زیرا **انگیزه** کافی برای یادگیری خواهد داشت و می‌تواند یاد بگیرد که **متمرکز** باشد و از هوش و توانایی‌هایش به بهترین نحو استفاده کند و در آخر به مشکلات معمول والدین می‌پردازیم و برای آن مشکلات راهکار می‌دهیم مشکلاتی مانند، پرسیدن سؤال زیاد و حرف زدن کم یا زیاد، مشکلات روحی و تیک‌های عصبی که کودکان که در این سنین ممکن است با آن‌ها روبرو شوند، وابستگی به تلویزیون، موبایل و تبلت، لجبازی، بدخوابی و بدغذایی و بسیاری از مشکلات دیگر.

مادر و پدر عزیزی که در سفر فرزندپروری با پستی‌ها، بلندی‌ها و همین‌طور لذت‌های آن روبرو هستید بعد از گذشت چند سال فراموش خواهید کرد که چالش‌هایتان چه بوده و چه احساسی داشته‌اید و چه اقداماتی انجام داده‌اید. در این کتابچه یادداشت که از اکنون برای راحتی به آن کیانا می‌گوییم، اقداماتی که برای فرزندمان انجام می‌دهیم و یا قرار است انجام دهیم را ثبت می‌کنیم.

ثبت این اقدامات به ما کمک می‌کند که بیشتر خودمان و فرزندمان را بشناسیم و در این مسیر یاد می‌گیریم که چگونه تغییراتی که به رفتارها و شیوه فرزند پروری خود خواهیم داد، در آرامش فرزندمان و خودمان تأثیر دارد و ما را کمک خواهد کرد.

پیشگفتار

کودکان باهم متفاوت‌اند، زمانی که اقدامات و نتایج آن را ثبت می‌کنیم، این مهم به ما کمک خواهد کرد که کودک خود را بشناسیم و او را بهتر هدایت کنیم. همین‌طور این کتابچه برای فرزندان بعدی هم به ما کمک خواهد کرد و نه‌تنها اقدامات مثبت و منفی‌مان را که گاهی از یاد می‌بریم، به ما یادآوری می‌کند بلکه می‌تواند به‌صورت گنجینه‌ای از خاطرات بماند، که ما و همچنین کودکمان زمانی که بزرگ شد از ورق زدنش لذت ببریم.

تصویر زیبای خانواده شما

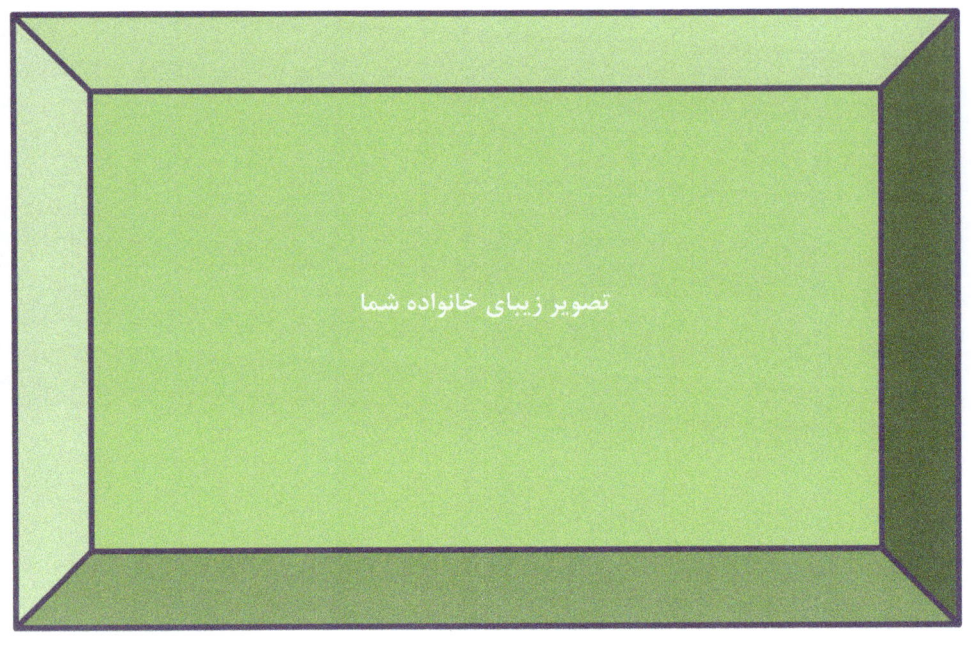

بخش اول

شناخت کودک

مادران و پدرانی که دو یا سه سال اولیه پرورش کودکشان را پشت سر گذاشته‌اند می‌دانند که کودک در سنین زیر سه سال کنترل بدن و رفتارهای خود را کمتر دارد، اما بعد از ۲ و نیم الی ۳ سالگی آرام آرام با شناخت دنیای اطرافش به‌طور مثال شناخت و آگاهی از خطرات احتمالی و بیشتر شدن تجاربش به‌تدریج کنترل بیشتری روی جسم و رفتارش دارد و به همین نسبت به نظر می‌آید که کار پدر و مادر کمی کمتر می‌شود! چون اکنون نیازی نیست زمانی که کودک بالای مبل می‌رود نگران باشند به یک‌باره خودش را به زمین پرت کند. او اکنون می‌داند که اگر روی مبل بالا و پایین می‌پرد به لبه آن نزدیک نشود چون به زمین می‌خورد و این زمین خوردن درد و آسیب به دنبالش دارد؛ اما نکته اینجاست که کار پدر و مادر راحت‌تر نمی‌شود، بلکه بسیار دشوارتر می‌شود زیرا اکنون با انسانی روبرو هستند که حافظه بلندمدتش ساخته‌شده و دارای اراده می‌باشد و حرف‌های ما را بی‌چون‌وچرا مانند قبل نمی‌پذیرد. از طرفی هزاران سؤال در ذهن خود دارد که مرتباً آن سؤال‌ها را می‌پرسد و اگر جواب قابل‌قبول نگیرد کوتاه نمی‌آید و در ذهن کوچکش جواب‌ها را به هم وصل می‌کند.

در ادامه به تفسیر این تغییرات بیشتر می‌پردازیم.

کیانا ۲

بمب انرژی

کودکان از سنین دوسالگی به بعد به یک بمب انرژی تبدیل می‌شوند که نمی‌توانند حتی یک ثانیه را بدون فعالیت خاصی سپری کنند این بمب انرژی از صبح که از خواب بیدار می‌شود و تا که چشمانش باز می‌شود به حرکت و جنب جوش مشغول است تا زمانی که از خستگی به خواب می‌رود.

نام بمب انرژی من چیست؟ (نام فرزندتان را بنویسید)

_____
_____

چه کارهایی را کودکتان انجام می‌دهد که شما را خسته می کند و با انجام آنها می‌توانیدبه او بمب انرژی بگویید:

_____
_____
_____
_____
_____
_____
_____

بخش اول: شناخت کودک

اگر می‌توانستید ۳ تا از کارها و رفتارهایی که کودکتان انجام می‌دهد و شما را بسیار خسته یا نا امید کند حذف کنید کدام را حذف می‌کردید؟

۱-

۲-

۳-

تینا دختر ۳ ساله و نیمه ای است که شب قبل یک اسباب بازی اش را خانه خاله اش جاگذاشته است و زمانی که به خانه بازگشتند با گریه خواسته بود که برگردند و اسباب بازی را بگیرند مادر به او گفته بود که شب است و دیر وقت و فردا می رویم و اسباب بازی را می گیریم. تینا تا از خواب بیدار شده بود از مادر سراغ اسباب بازی را گرفته بود و خواسته بود که به خانه خاله بروند و آنرا بگیرند. تجربیاتی شبیه این که شما از حافظه کودکتان متعجب شده اید برای کودک شما اولین بار کی رخ داد و آنرا شرح دهید.

اولین خاطره تلخ یا شیرین و یا صحنه ای که از کودکی خود به یاد دارید را اینجا بنویسید

بسیاری از خاطرات ما مربوط می شود به صحنه هایی از زندگی مان که فیلم یا عکسی از آن داریم و یا مادر، پدر و بستگان از آن بسیار تعریف کرده اند به طور مثال من در سه سالگی بخاطر اینکه عروسی خواهرم بود و همه در حال تدارک و آرایش کردند بودند با قیچی موهای خود را به وضع وحشتناکی کوتاه کردم این موضوع بسیار و بسیار از طرف پدر و مادر من تعریف شد و باعث شد که برای من مانند یک خاطره ساخته شود گاهی صحنه را برای ذهن خودم بازپروری می‌کردم. در درواقع آن خاطره را واقعاً به یاد نمی آوردم بلکه بعلت تعریف و تکرار به باور من راه پیدا کرده بود. حال خاطره که تعریف کردید مانند خاطره من به دلیل تکرار بود یا واقعاً در ذهن تان بود.

آیا خاطره دیگری به یاد دارید؟ اگر به یاد دارید بگویید چند ساله بودید؟

اولین بازی که در کودکی انجام دادید را به یاد دارید؟

چه بازی های را در سنین ۳ تا ۶ سال بیشتر از همه دوست داشتید؟

کودکتان اکنون چه بازی هایی را بیشتر از همه دوست دارد؟

بلند ترین جمله ای که کودکتان گفته است چیست؟

سخت ترین و جالب ترین کلماتی که کودکتان یاد گرفته چیست؟

شیرین تری کلماتی که به اشتباه تلفظ می کند چیست ؟لطفاً از صداها استفاده کنید، اصل کلمه را نیز بنویسید

مثال پسر من در ۳ سالگی به هواپیما می گفت : آتّمبون یا به پنکه می گفت پَتته

- قبیله من کجاست!

همان‌طور که تا اینجا گفتیم یک کودک ۳ ساله سرشار از انرژی است و نیاز به مقدار بسیار زیاد بازی و فعالیت متنوع دارد در جریان بازی احتیاج دارد به دنیای پیرامون خود احساس تعلق کند. انسان‌ها از زمان پیدایش بشر به‌صورت قبیله‌ای زندگی می‌کردند و نیاز انسانی به تعامل ازجمله نیازهای اساسی است.

احساس تعلق:

احساس تعلق و یا احساس پذیرفته شدن به‌عنوان یک عضو.

این همان احساسی است که همه ما انسان‌ها در ارتباط‌هایمان دوست داریم، متعلق به گروه‌های مختلف باشیم از خانواده گرفته تا کار، دوستان و حتی عضویت‌های مختلف.

کودکان ما نیز به دنبال این هستند که در ابتدا به جامعه کوچک مادر و پدر و سپس به دسته‌های بزرگ‌تر تعلق داشته باشند و هویت‌سازی کنند. عضو بودن در یک خانواده، فامیل، دوستان، کلاس، مدرسه، گروه کاری، گروه ورزشی، حتی عضویت در باشگاه مشتریان برای هر انسان این احساس تعلق داشتن را ارضاء می‌کند. شرکت بزرگ‌های بزرگ دنیا، از این واقعیت که احساس تعلق که یکی از نیازهای بزرگ بشر است، برای رسیدن به اهدافشان به‌خوبی استفاده می‌کنند و از این شیوه با به وجود آوردن باشگاه‌های عضویت، مشتریان بیشتر جذب می‌کنند و حال ما به‌عنوان پدر و مادر با درک این نیاز از سمت نوزادمان می‌توانیم بفهمیم که کجا و کدام رفتارش جهت دستیابی به احساس متعلق بودن است و یا اینکه چه کنیم که این نیاز انسانی او برآورده شود.

بخش اول: شناخت کودک

- احساس خود را نسبت به دستیابی به این حس بنویسید؟

- آیا من احساس تعلق می‌کنم؟

- کدام گروه و جامعه اعم از کوچک یا بزرگ در زندگی اکنون من وجود دارد که احساس می‌کنم به آن متعلق هستم؟

- آیا در بچگی، در خانواده و مدرسه به من این احساس تعلق داده شد؟

- کدام رفتار پدر و مادرم این احساس را در من بیشتر می‌کرد؟

- کدام رفتار پدر و مادرم در من **احساس متعلق و عضو مهم** از خانواده بودن را کم می‌کرد؟

- اکنون برای اینکه کودکم حس کند به خانه و خانواده متعلق است، چه اقداماتی باید انجام دهم؟ کدام‌یک از رفتارهای پدر و مادر و معلم‌هایم را بهتر است انجام دهم و کدام را انجام ندهم؟

بخش اول: شناخت کودک

احساس مهم، خاص و مثمر ثمر بودن:

کودک ۳ ساله نیاز دارد که بداند در خانواده، مهدکودک، فامیل و شهرش خاص و مثمر به ثمر است. این احساس نیاز با تحسین ساخته نمی‌شود بلکه باید برای کودک شرایطی فراهم شود که بداند سازنده و مفید است و به وجود او در این دنیا نیاز است.

احساس مهم، خاص و مثمر ثمر بودن، این نیاز، از نیازهای بسیار بنیادینی است که هر انسان از بدو تولد به دنبال دستیابی به آن است. کودک برای رسیدن به احساس مهم بودن با حرف ما مخالفت می‌کند و یا با خواهر و برادرش می‌جنگد، به دنبال این است که **جایگاهی** در خانه داشته باشد که متعلق به فرد دیگری نیست. کارهایی بتواند انجام دهد که هیچ‌کس دیگر نمی‌تواند انجام دهد و می‌خواهد تصمیماتش فقط مخصوص او باشد.
آیا من احساس مهم بودن و خاص بودن می‌کنم؟

کی و کجا وجود من **خاص و مهم** است؟

آیا در بچگی به من **احساس مهم بودن** داده شد؟

کدام رفتار پدر و مادرم این احساس را در من بیشتر می‌کرد؟

کدام رفتار پدر و مادرم در من احساس مفید بودن و مثمر ثمر بودن را کاهش داد؟

- اکنون برای اینکه کودکم حس کند، مفید است و جایگاه خاصی دارد، چه اقداماتی باید انجام دهم؟ چه اقداماتی بهتر است انجام ندهم؟

این مثال مربوط به کودکی خودم است، برای اینکه به سؤالات بالا راحت‌تر پاسخ دهید این مثال را آوردم: در کودکی مادرم بسیار در مقابل اقوام رودربایستی داشت و هر کاری من و خواهرم در مقابل مهمانان انجام می دادیم، ما را دعوا می‌کرد و مرتب کلمه زشتِ را بکار می‌برد. مثلاً زشتِ پاهایت را دراز نکن! زشته، خاله که به خانه ما می‌آید، دست در شیرینی نکن! زشته زشته این باعث شد من احساس کم‌ارزشی در مقابل دیگران کنم. تصمیم گرفتم به فرزندم این کلمه را نگویم و به او یاد بدهم همان‌قدر که خاله‌ات برای ما ارزش دارد تو هم داری و اگر کاری خوب نیست، همیشه خوب نیست چه خاله و دیگران باشند و چه نباشند و خوب بودن یا بد بودن هر کاری دلیلی دارد و دلیل اش را برایش توضیح دادم

خواب:

نیازمندی به خواب:

کودک در سنین ۳ تا ۵ سال نیاز است که در میان‌روز یک خواب نیمروزِ کوتاه بروند و مجموع خوابی که کودک سه‌ساله نیاز دارد ۱۲ تا ۱۳ ساعت است که بهتر است ۱ تا ۱ و نیم ساعت آن بعدظهرها باشد.

زمانی که کودک به ۴ سالگی می‌رسد میزان خوابش یک ساعت کمتر می‌شود، اما بهتر است خواب بعدظهر هنوز باشد اما از سنین ۵ سالگی مادر و پدر بهتر است خواب نیمروز را آرام آرام کمتر کنند و کودک می‌تواند ۱۰ ساعت تا ۱۲ ساعت بخوابد و نیازش کاملاً برآورده می‌شود.

کودک شما چند ساله است؟

آیا با خوابیدن کودک چالش دارید؟ توضیح دهید؟

_____
_____
_____

شبها چه ساعتی می خوابد؟

_____

صبحها چه ساعتی بیدار می شود؟

_____

چند ساعت شبها می خوابد؟

_____

آیا خواب نیم روزی دارد؟

_____

شبهایی که بهتر و راحت تر می خوابد، روزهایش چه فعالیتی کرده اید ؟

_____
_____
_____

بخش اول: شناخت کودک

شبی که بهتر و راحت تر می خوابد، در طول روز چه خورده است؟

شبی که بهتر و راحت تر می خوابد، در طول روز چقدر و در چه زمانی از دستگاههای الکترونیکی استفاده می کند

شبی که با خوابیدن او چالش داشته اید در طول روز شما چقدر استرس داشته اید؟ آیا با او دعوا داشته اید؟

کیانا ۲

تغذیه

آیا هیچ‌گاه شده است که غذا، میوه و یا خوراکی را دوست نداشته باشید؟

_____

_____

_____

نام غذا ها و خوراکی هایی را که شما نمی خورید را اینجا بنویسید.

_____

_____

_____

آیا انسانی هستید که غذا و خوراکی جدید را امتحان نکنید؟

_____

_____

_____

زمانی که به خرید می روید ترجیح می دهید سس سالادی که همیشه استفاده می کنید را بخرید ویا یک سس جدید را امتحان می کنید؟

_____

بخش اول: شناخت کودک

آیا غذایی که نمی‌دانید چیست را امتحان می‌کنید؟

آیا شده است که سال‌ها از خوردن یک خوراکی امتناع بورزید اما یک روز آن را امتحان می‌کنید و می‌بینید که سال‌ها بی‌جهت به آن خوراکی نه گفته‌اید؟ آن خوراکی چیست؟ و حتی دلیل آن را می‌دانید که چرا از آن متنفرید؟

مثال من در کودکی و حتی تا ۱۸ سالگی از لیمو عمانی در خورش متنفر بودم اما بعد ها آن را به طور اتفاقی امتحان کردم و بسیار دوست داشتم و تا کنون لیمو عمانی یکی از چاشنی های مورد علاقه ام است و بسیار از اینکه خود را مدتی محروم کردم پشیمان شدم.

تجربه مشابه شما چیست؟

کیانا ۲

آیا در کودکی با پدر و مادر (هردو باهم) زندگی می‌کردید؟

اگر جواب تان بله است آیا از لحاظ عاطفی به کدام نزدیک تر بودید؟

آیا فکر می کنید شما در ۳ سالگی خودتان دانش بیشتری داشتید و یا فرزندتان؟

آیا فکر می کنید شما در کودکی تجربیات عملی بیشتری انجام داده بودید و یا کودکتان؟

آیا فکر می کنید شما در ۳ سالگی تا ۶ سالگی بیشتر ارتباط اجتماعی داشتید یا کودکتان؟ (ارتباط با انسانها و کودکان دیگر از خانواده گرفته تا بستگان و غریبه ها)

بخش اول: شناخت کودک

اقدامات ضروری جهت رشد شخصیت کودک و ارتباط و آرامش مادر:

آیا باید برای اینکه کودک موفق و شادی پرورش دهم باید آموزش ببینم؟

- لیست اقداماتی که در جهت رشد شخصیت او قرار است انجام دهید را تهیه کنید و در اینجا بنویسد:

مثال: هرماه در یک سمینار و یا کلاس آموزشی شرکت می‌کنم و ماهی یک کتاب می‌خوانم و یا یک برنامه آموزش آنلاین تهیه می‌کنم مانند فرزند موفق + والدین خوشحال

لیست کتاب‌هایی که قرار است بخوانم و یا خوانده‌ام:

وقتی به دنیا اومدی √

وقتی شیرین زبون شدی √

- سمینارها و کارگاه‌هایی که شرکت کرده‌ام یا قرار است شرکت کنم:

کیانا ۲

- لیست محصولات، مانند محصولات صوتی و تصویری که تهیه‌کرده‌ام:

_____ _____ _____
_____ _____ _____
_____ _____ _____
_____ _____ _____
_____ _____ _____
_____ _____ _____

بسیاری از نکات آموزشی را می‌توانید در وب سایت فرزند راه به صورت رایگان در بخش مدرسه پدر و مادری بخوانید.

بهترین سؤالی که اکنون باید از خود بپرسیم این است که:

" من واقعاً برای فرزندم چه می‌خواهم؟"

فرض کنید کودک اکنون شما ۲۲ ساله شده است و شما روی ردیف اول صندلی سالن بزرگ دانشگاهی که او درس می خواند، نشسته‌اید و منتظر هستید که نام او را صدا کنند و مدرک

بخش اول: شناخت کودک

فارغ‌التحصیلی‌اش را بدهند. در پوست خود نمی‌گنجید و احساس می‌کنید زحمات شما به ثمر رسیده است. اکنون که او را صدا می‌کنند و از افتخارات تحصیلی و رفتاری همچنین فعالیت‌های اجتماعی فرهنگی او می‌گویند. شما به عنوان پدر و مادر، دوست دارید که چه شخصیتی و چه ویژگی‌هایی را بشنوید، که فرزند شما دارا باشد؟

لطفاً دست‌کم سه ویژگی بارز را بنویسید: (لطفاً از کلمات کلی، مانند خوشبخت استفاده نکنید)

۱- ....

۲- ....

۳- ....

پارامترهای شخصیتی مانند باعزت نفس بودن، متکی‌به‌خود بودن، مسئولیت‌پذیری، شجاعت، صداقت، شفقت داشتن، انعطاف‌پذیری و یا انگیزه داشتن

حال فکر کنید آیا این سه ویژگی ممکن است نیاز واقعی فرزند شما هم باشد؟

_____

_____

آیا این سه ویژگی خواسته‌های دست نیافته شما برای خودتان نیستند؟(اگر هست، سعی کنید به ویژگی های بیشتری فکر کنید):

_____

_____

_____

_____
_____
_____

بهترین اقدامات و یا تغییرات که برای رساندن فرزندتان به هرکدام از این پارامترهای شخصیتی انجام دهید چیست؟ پارامترهای را دوباره بنویسید و اقدامات را در زیر آن بنویسید؟

۱- ....

اقدامات

_____
_____

۲- ....

اقدامات

_____
_____

۳- ....

اقدامات

می‌توانید سه ویژگی که برای کودک خود می‌خواهید را برای ما به آدرس ایمیل

info@farzandrah

ارسال کنید و راهکارهای و اقداماتی که برای رسیدن به اهدافتان نیاز دارید را برایتان ارسال می‌کنیم.

برای خواندن مطالب آموزشی می‌توانید به وب‌سایت فرزندراه مراجعه کنید:

http://farzandrah.com

کیانا ۲

آرزوی قلبی و احساس قلبی‌تان چیست؟

در این صفحه برای کودک خود بنویسید و او را مخاطب قرار دهید؟

من از صمیم قلب آرزو می‌کنم که تو _____

بخش دوم

در دنیای تو چه می گذرد

چرا کودکم بهانه‌جویی می‌کند:

در این فصل می‌خواهیم دلیل رفتارهای بهانه جویانه کودک را بررسی کنیم و بدانیم کودکان ۳ تا ۶ ساله همواره به چه دلیل به جنگ با والدین می‌پردازند. بسیاری از پدران و مادران اعتقاد دارند که کودک آن‌ها سرسخت و لجباز است و با بچه‌های دیگر فرق دارد.
البته تا حدی اشتباه نمی‌کنند کودکان با خلق‌وخوهای[۱] متفاوتی به دنیا می‌آیند اما نیازهای اساسی کودکان همه یکسان است و شیوه تقاضای آن از والدین متفاوت است و این بستگی زیادی به خلق‌وخوی متفاوت کودکان ندارد. بلکه به این مربوط است که تاچه اندازه در سنین ۰ تا ۲ سال رفتار های ناپسند کودک توسط پدر و مادر بزرگنمایی شده باشد و او را به سمت کودک سخت‌تر هدایت کرده باشند.

خبر خوب این است که حتی اگر این اتفاق افتاده باشد برای تبدیل کودک سرسخت به کودک خوشحال و پذیرا دیر نیست.

---

[۱] در باره خلق و خو در کتاب وقتی به دنیا اومدی به تفسیر توضیحاتی داده شده است و تست و توضیحات را می توانید در کتاب کیانا ۲ و در وب سایت فرزندراه نیز بیابید

بخش دوم : در دنیای تو چه می گذرد

شناخت کودک ۳ تا ۶ ساله

ظرف‌های نیاز انسانی

زمانی که نطفه یک انسان شکل می‌گیرد دو ظرف نیاز نیز با او شکل می‌گیرد که انسان همواره از تولد تا لحظه وداع با دنیا، در حال پر کردن این دو ظرف نیاز است.

این دو ظرف عبارت‌اند از:

زمانی که نیازهای ابتدایی هر فردی مانند غذا، آب، هوا و ... رفع شد تمام رفتارهای انسان برای رفع این دو نیاز روانی است. این دو خواسته حتی روی نیازهای حیاتی شخص نیز تأثیر می‌گذارد.

پدر و مادر عزیزی که در حال مطالعه این کتابچه هستید، آیا تا کنون به ظرف های خود فکر کرده اید؟

کدام ظرف نیاز در وجود شما بزرگتر است؟   قدرت   توجه

بگذارید چند مثال بزنم:

- زمانی که مهمان دارم سعی می‌کنم بهترین غذا را درست کنم چون می‌خواهم همه به من آفرین بگویند و ظرف توجه ام پر می شود.
- زمانی که عصبانی هستم بسیار تند رانندگی می‌کنم چون اینگونه ظرف قدرتم پر می شود
- اگر اوضاع مالی خوب نیست باز هم هدیه گران قیمت برای همسرم خریداری می‌کنم، چون نمی‌خواهم از بقیه مردهای فامیل کم بیاورم.
- در سوشال مدیا اخبار بد می‌گذارم و یا عکسهایی که خیلی شبیه زندگی واقعی من نیست تا توجه دیگران را جذب کنم.

این ها مثال هایی بود از راههایی که ما ظرف قدرت و توجه مان را با مواد نا مناسب پر می کنیم. و البته مواردی هم هست که ظرف قدرت و توجه خود را با مواد مناسب تر پر کنیم.

- زمانی که دانسته هایم را بصورت کتاب در می آورم تا بقیه هم از آن بهره مند شوند.
- زمانی که کودکی را به فرزندی قبول می‌کنم.
- زمانی که سعی می‌کنم مهارت های بیشتری بیاموزم تا ارتقای شغلی بگیرم و بتوانم زندگی بهتری برای خانواده ام بسازم.

حال که برای رشد شخصیت خود و پرورش بهتر کودکم در حال انجام این تمرین ها هستم.

بخش دوم : در دنیای تو چه می گذرد

حال با خود صادق باشیم و به سؤالات زیر پاسخ دهید.

اکنون برای پر کردن ظرف قدرت خود در روز چه می کنید؟

اکنون برای پر کردن ظرف توجه خود چه می کنید؟

کیانا ۲

در کنار اقداماتی که به نظرتان مثبت است تیک بزنید و در کنار اقداماتی که هدفش مثبت نیست و یا خود اقدام مثبت نیست ضرب در بزنید و تصمیم بگیرید از امروز تغییری در آن بدهید:

می‌توانید آن تغییرات را یادداشت کنید.

بخش دوم : در دنیای تو چه می گذرد

شناخت واحد فرماندهی کودک

مغز راست و مغز چپ

مغز ما به دونیمه یا نیمکره تقسیم می‌شود. در هر نیمکره، مناطق خاص و عملکردهای خاصی را کنترل می‌کنند. دو طرف مغز ما بسیار شبیه به هم هستند، اما تفاوت زیادی در نحوه پردازش اطلاعات وجود دارد. باوجود سبک‌های متضاد آن‌ها، دونیمه مغز مستقل از یکدیگر کار نمی‌کنند و دائماً در حال تعامل باهم هستند.

اکثر افراد یا چپ مغز و یا راست مغز هستند به این معنی که یک طرف مغز آن‌ها مسلط بر دیگری است.

آیا گمان می کنید که راست مغز هستید و یا چپ مغز و یا جزء معدود کسانی هستید که تساوی مغز راست و چپ دارند ؟ ابتدا حدس بزنید و سپس تست قسمت بعد را انجام دهید

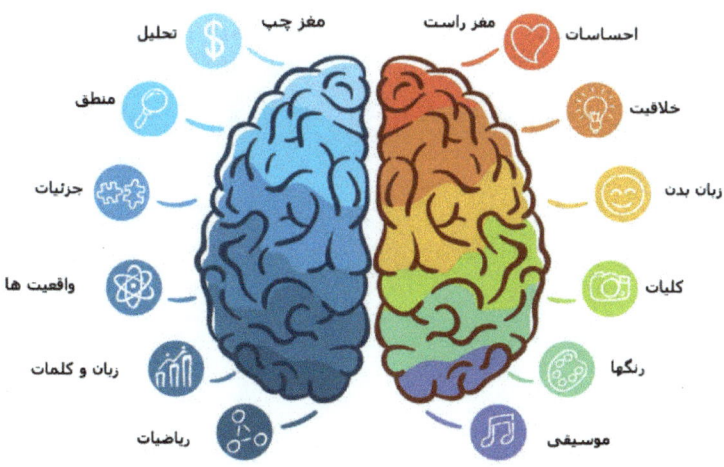

تست: آیا شما از مغز راست‌تان بیشتر استفاده می‌کنید یا از مغز چپ‌تان؟

نکته: در بسیاری از سؤالات ممکن است تصمیمات خانواده ما بر اساس نظر همگانی و یا نظر همسرمان باشد اما لطفاً بر اساس تصمیمات خانواده و شرایط آن به سؤالات جواب ندهید بلکه بر اساس تصمیماتی که خودتان به‌تنهایی و بدون تأثیر شرایط و جوابی که اول به ذهنتان می‌رسد، پاسخ دهید، این یک تست شخصی است و همسرتان نیز بهتر است جداگانه این تست را انجام دهد.

۱- بعد از یک روز خسته‌کننده، سر میز شام نشسته‌اید و فرزندتان هم خوابیده است، کسل به نظر می‌رسید، برای اینکه فکر خود را مشغول کنید، چه می‌کنید؟

☐ الف. رؤیاپردازی می‌کنم و یا مدیتیشن می‌کنم.

☐ ب. به یک دستور غذای جدید فکر می‌کنم که برای فردا درست کنم.

☐ ج. برای کارهای فردا و هفته آینده برنامه‌ریزی می‌کنم.

۲- همسر شما از شما می‌خواهد که یک مدرک را سریعاً در خانه برایش پیدا کنید؟

☐ الف. همه‌جا را زیرورو می‌کنید و نمی‌توانید به‌راحتی پیدایش کنید با خود می‌گویید یعنی این مدرک پا درآورده؟ کجا می‌تواند رفته باشد؟

☐ ب. از بین کشو به‌هم‌ریخته مدارکتان به‌راحتی دست می‌کنید و مدرک موردنظر را بیرون می‌کشید. دقیقاً باوجود به‌هم‌ریختگی می‌دانید کجاست!

☐ ج. دقیقاً می‌دانید که کجاست و مستقیم به سمت کشو مدارک می‌روید و او را که در پوشه مرتبی است درمی‌آورید.

۳- کودکتان را به پارک برده‌اید و به یک از دوستان دوران دبیرستان بعد از مدت‌ها او را ندیده‌اید برمی‌خورید، شما در لحظه اول:

- [ ] الف. می‌دانستید که روزی دوباره با او روبرو می‌شوید.
- [ ] ب. شما برایتان جالب است که از او بپرسید که چه‌کار می‌کند.
- [ ] ج. از زمان قدیم یادآوری می‌کنید و خاطرات خوبی که باهم داشتید را مرور می‌کنید.

۴- بیشتر اوقات چگونه لباس می‌پوشید و یا لباس انتخاب می‌کنید؟

- [ ] الف. سبک خاصی ندارم، لباس‌های مختلف را امتحان می‌کنم و پوشیدن مدل و رنگ‌های متنوع را آزمایش می‌کنم.
- [ ] ب. بر اساس مد روز لباس‌هایم را انتخاب می‌کنم.
- [ ] ج. یک سبک خاص دارم؛ که نه دوست دارم آن را عوض کنم و نه به مد علاقه خاصی دارم.

۵ – ساعت ۹:۳۰ شب روز تعطیل است و فرزند شما هم‌خانه پدر و مادر شما هستند و شما روی مبل مقابل تلویزیون لم‌داده‌اید. دوستانتان به شما زنگ می‌زنند و به شما می‌گویید که یک کافی‌شاپ جدید در مرکز شلوغ شهر بازشده است و شمارا دعوت می‌کنند که نیم ساعت دیگر باهمسرتان به آنجا بروید:

- [ ] الف. خیلی از دعوتشان خوشحال می‌شوید و سریعاً به آنجا می‌روید و به آن‌ها می‌پیوندید.
- [ ] ب. آن‌ها را متقاعد می‌کنید که بجای کافی‌شاپ شلوغ به خانه شما بیایند تا باهم چای بخورید.
- [ ] ج. بلافاصله رد می‌کنید و با خود می‌گویید دوست من چه فکری می‌کند، این موقع شب که برنامه‌ای به این عجله و بدون هماهنگی از قبل می‌ریزد.

کیانا ۲

۶- برای تعطیلات و مرخصی‌هایتان چگونه برنامه‌ریزی می‌کنید؟

☐ الف. معمولاً از قبل خیلی برنامه‌ریزی خاصی نمی‌کنید و به جاده می‌زنید و به‌جایی که هیچ‌وقت نرفتید می‌روید. دوست دارید مسافرت شما با سری‌های قبل متفاوت باشد.

☐ ب. از قبل وب‌سایت‌ها و آژانس‌های مختلف را می‌گردید و از دوستانتان پرس‌وجو می‌کنید تا بهترین مسافرت را با توجه به شرایط و بودجه‌تان پیدا کنید.

☐ ج. بیشتر مواقع دوست دارید به یک‌جا و هتل مشخص بروید و هرسال به همان‌جا سفر می‌کنید. چون همه تفریحات را می‌شناسید و با آنجا آشنایی دارید.

۷- وقتی دوستانتان به نزد شما می‌آیند و دکور خانه و یا محل کارتان را می‌بینند، به شما چه می‌گویند:

☐ الف. اینجا خیلی خلاقانه و قشنگ تزیین‌شده، این ایده را از کجا آوردی؟

☐ ب. اینجا خیلی دنج و گرم و صمیمانه دکور شده.

☐ ج. چقدر همه‌جا تمیز و مرتب هست.

۸- به نظر شما الهام و حس درونی که گاهی به ما چیزی الهام می‌شود چیست؟

☐ الف. یک هدیه عالی است که به ما داده‌شده است.

☐ ب. یک نیروی مفید است و گاهی از آن استفاده می‌کنیم.

☐ ج. یک نیروی خطرناک است که ما را به‌اشتباه می‌اندازد، نباید به آن توجه کرد.

۹- یک لباس زیبا در بوتیکی می‌بینید و عاشق آن می‌شوید، اما قیمت آن خیلی زیاد است؟

- [ ] الف. بدون اینکه فکر کنید آن را می‌خرید.
- [ ] ب. بااینکه میدانید نباید این کار را بکنید اما بالاخره بعد از کمی تأمل آن را می‌خرید
- [ ] ج. به خانه می‌روید تا حساب‌کتاب کنید ببینید آن را بخرید یا خیر؟

۱۰- معمولاً زمانی که قرار است با هواپیما به سفر داخلی و یا کاری که بسیار برایتان معمول است، (کاری که مرتباً انجام می‌دهید) بروید، کدام‌یک از گزینه‌ها هستید؟ می‌توانید این مثال را برای قرار با دکتر و یا رسیدن به اتوبوس جواب دهید.

- [ ] الف. یک‌جوری برنامه‌ریزی می‌کنید که اصلاً در فرودگاه معطل نشوید و بلافاصله تا رسیدید سوار پرواز می‌شوید. معمولاً همیشه لحظه آخر می‌رسید.
- [ ] ب. یک‌کمی زودتر می‌رسید و معمولاً ۱۰ دقیقه تا ۲۰ دقیقه منتظر سوارشدن می‌مانید.
- [ ] ج. معمولاً یک ساعت زودتر از اینکه هواپیما مسافر گیری کند آنجا حاضر هستید و منتظر می‌مانید.

کیانا ۲

جواب‌هایتان را به جدول روبرو منتقل کنید:

بررسی نتایج: اگر تعداد جواب‌های **الف** بیشتر از ج بود شما راست **مغز** هستید.

اگر تعداد جواب‌های ج بیشتر از **الف** بود شما **چپ مغز** هستید.

	الف	ب	ج
۱			
۲			
۳			
۴			
۵			
۶			
۷			
۸			
۹			
۱۰			
نتایج			

اگر بیشتر سؤالات جوابشان **ب** بود و یا **الف** با **ج** تقریباً برابری می‌کرد شما از هر دو طرف مغز به تعادل استفاده می‌کنید.

دوستی مغز چپ و راست

حال چه کنیم که این هر دو سمت مغز کودکمان را باهم رشد دهیم؟

- کودک را به یک نوع بازی و فعالیت خاص سوق ندهید.

بعضی بازی ها به تقویت مغز راست بیشتر می پردازد و بعضی بازی ها به تقویت مغز چپ و بعضی بازی ها هر دو

بازی ها و فعالیت هایی که سمت راست مغز را فعال می کند.

- بازی پانتومیم
- بازی با کارت های احساس (می‌توانیداین کارت های را از وب سایت فرزندراه ویا کیدزوکادو تهیه کنید)
- توپ بازی با پای چپ
- نقاشی با دست چپ
- بازی رنگها

بدین صورت که کارتهایی درست کنید و یا اسباب بازی هایی را تدارک ببینید و بجای نام بردن رنگها آنها را دسته بندی کنند و یا آنها یی که به گونه این با هم مربوط است را با هم دسته بندی کنید.

- بازی بو ها

چشماهای کودک را با دستمالی ببندید و میوه ها و خوراکی های مختلف را جلوی بینی او بگرید تا تشخیص دهد.

- بازی صداها

یک صدا را در گوش سمت چپ او به آرامی در بیاورید، مثلا صدای گربه را در بیاورید و از او بخواهید مناسب سنش بدون گفتن اسم گربه آن را نقاشی کند و یا اگر کوچکتر است از او بخواهید صدایی که شنیده تقلید کند.

بازی هایی که سمت چپ مغز را قوی می کند

- بازی با کلمات و تشخیص کلمات
- بازی با اعداد و شمردن
- قایم موشک
- بازی با پازل
- بازی با لگو

بازی هایی که هر دو قست مغز را قوی می کند

- خمیر بازی
- کاردستی
- مامان بازی

بخش دوم : در دنیای تو چه می گذرد

- ورزش هایی که در آن دست ها و پا ها بصورت کراس و یا ضرب دری در می آید

زمانی که با کودک حرف می‌زنید و یا به او آموزش می‌دهید هم کلمات درست را به او یاد دهید و هم‌زبان بدن به او یاد دهید.

- بعضی از کلمات را زمانی که می‌خواهیم به کودک یاد بدهیم می‌توانیم با استفاده از زبان بدن و زبان صورت به آنها آموزش دهیم
به طور مثال می خواهیم که ناراحتی را به آنها آموزش دهیم و یا کلمه کبوتر را اگر همانطور که ناراحتی را با کلمات معنی می کنیم ادای آدم های ناراحت را در بیاوریم و یا زمانی که می خواهیم نشان دهیم کبوتر چیست ادای بال زدن در بیاوریم هم سمت راست مغز پرورش پیدا می کند هم سمت راست
- پیشنهاد می‌کنم از دست هایتان بیشتر استفاده کنید زندگی پر شور تری خواهید داشت.

- زمانی که کودک به مشکلی برمی‌خورد با او در مورد آن مشکل صحبت کنید و قضیه را از داخل و بیرون برای او شرح دهید.

مثلاً کودک شما اسباب‌بازی‌اش را به دوستش نمی‌دهد
از او این سؤال‌ها را بپرسید:
جزئی‌نگر و از داخل: چرا دوست نداری اسباب‌بازی‌ات را به دوستت بدهی؟
آیا نگرانی که دوست تو آن را به تو بازنگرداند.
کلی‌نگری و از بیرون: اگر ما به خانه او برویم و تو بخواهی با عروسک او بازی کنی، آیا ناراحت نمی‌شوی که او آن اسباب‌بازی را به تو ندهد؟

- داستان‌هایی که برای آن‌ها تعریف می‌کنیم، بسیار به رشد متناسب مغز آن‌ها کمک می‌کند.

داستان ها چون از کلمات تشکیل شده اند تمرکزشان روی سمت چپ مغز است برای اینکه داستانی هم سمت چپ را فعال کند هم سمت راست را به شیوه داستان خوانی در فصل ۷ مراجعه کنید.

- اگر کودکتان استعداد خاصی دارد مانند ریاضی، سعی کنید او را به یک هنر نیز تشویق کنید مانند نقاشی یا موسیقی

۲- مغز بالا و مغز پایین

قسمت بالای مغز یا همان **کورتکس**[1] بخش پردازش، تصمیم‌گیری و برنامه‌ریزی است. قسمت پایین مغز خود از دو بخش تشکیل‌شده، **بخش لیمبیک** واحد واکنش‌ها و فرمان‌های سریع عاطفی و هیجانی مانند ترس است و بخش دوم که **ساقه مغز** است و مرکز فعالیت‌های خودکار بدن مثل تنفس است.
بخش لیمبیک در بخش پایینی مغز است، مهم‌ترین و کلیدی‌ترین قسمت مغز و واحد هیجانات مغز است و معمولاً کودکان با آن مغز و در حالت هیجانی تصمیم‌گیری می‌کنند. زمانی که مادران و پدران شکایت می‌کنند از اینکه چرا فرزندانشان از روی عقل و منطق تصمیم‌گیری نمی‌کنند، همواره باید بدانند که قسمت بسیار عمده مغز آن‌ها، یعنی واحد پردازش یا کورتکس حدوداً تا ۲۵ سالگی کامل می‌شود و دلیل وجود والدین به‌عنوان راهنما اما نه نصیحت کننده و نه تصمیم‌گیرنده، هم همین است.

همکاری مستقیم بالا و پایین مغز باعث می‌شود که انسان در تعاملات و اتفاقات روزمره بتواند با کمک مغز پایین به‌اندازه کافی هیجانات و درنتیجه آن هورمون‌های موردنیاز ترشح کند و اطلاعات خوبی را با بررسی حافظه موردنیاز به طبقه بالا بدهد تا طبقه بالا پردازش موردنیاز را انجام بدهد و تصمیم درستی بگیرد.

واحد فرماندهی کودکان زمانی که به دنیا می‌آیند، بیشتر طبقه پایین مغز است. دلیل بسیاری از گریه‌های آن‌ها و درک نکردن بسیاری از حرف‌های ما همین است اما با شکل‌گیری تجربیات و یادگیری روزبه‌روز بیشتر شدن ارتباطات مغزی آن‌ها بیشتر و بیشتر از طبقه بالا استفاده می‌کنند.

---

1 - The cerebrum or **cortex** is the largest part of the human **brain.**

کیانا ۲

یکی از تجربیات خود را در ارتباط با کودک خود یا کودک بستگان بنویسید زمانی که آن کودک به حرف های شما گوش نداد و گریه‌زاری و بدخلقی کرد:

_____
_____
_____
_____

- برای اتفاق یا اتفاقات بالا اگر از راه همدردی کردن جلو می رفتید، چه تفاوتی می‌کرد؟ چگونه رفتار کردید؟ آیا با طبقه پایین مغز او ارتباط گرفتید یا خیر؟ و اگر خیر، بهتر است چه رفتاری را جایگزین کنید؟

_____
_____
_____
_____
_____

زمان‌هایی که خودمان از موضوعی عصبانی هستیم، آیا انتظار داریم اطرافیانمان به‌طور مثال همسرمان چه واکنشی نشان دهند: آن واکنشی و یا واکنش هایی که انتظار دارید را علامت بزنید.

_____ از همسرم می‌خواهم به من گوش دهد.
_____ از همسرم می‌خواهم که با من همدردی کند.

_____ از همسرم می‌خواهم مرا نصیحت کند.
_____ از همسرم می‌خواهم عصبانی شود.

معمولاً زمانی که کودکمان از موضوعی عصبانی است، کدام‌یک از واکنش‌های بالا را نشان می‌دهیم؟

_____
_____
_____

حافظه

آیا از چیزی می‌ترسید؟ که این ترس گاهی زندگی را برای شما تلخ کند؟
مانند ترس از فضای بسته.

_____
_____
_____
_____

آیا می‌دانید این ترس از چه زمانی در شما ایجاد شد؟ هیچ‌گاه اتفاقی در کودکی برایتان افتاد که روبرو نشدن صحیح با آن باعث این ترس شده است؟

_____
_____
_____

تقویت حافظه:

- هرروز در مورد روزی که گذشت با آن‌ها صحبت کنیم، یادآوری کنیم که چه‌کارهایی انجام داده‌اند.

- در مورد کارهایی که قرار است تا چند روز آینده باهم انجام بدهید با آن‌ها صحبت کنید.

اگر در این مورد خاطره ای دارید بنویسید:

- از آن‌ها بپرسید که امروز یا دیروز چه کرده و در هر فعالیت که به یاد می‌آورد چه احساسی یا چه حالی داشته است. مثال امروز خانه عمه وقتی رسیدی اول چه کردی؟ یا پدر می‌پرسد امروز که من خانه نبودم نهار چه خورده‌ای؟ یا با مامان بیرون رفتی، در خیابان چه کسانی را دیدی؟ هوا چگونه بود؟

- در مورد اتفاق‌های ناگواری که برای کودک افتاده است با او دوباره صحبت کنید. مثلاً اگر دیروز از تاب افتاده و زانویش زخم شده است، از او بپرسید یادت هست چرا زانویت زخم شد؟ بله از تاب افتادی. یادت هست چه حالی داشتی؟ آره گریه کردی. چرا گریه کردی؟ بله عزیزم، می دانم درد گرفت. حالا هم درد می کند؟ خوب است که درد نمی‌کند. می‌خواهی حالا که زانویت بهتر شده دوباره بریم پارک؟

بخش دوم : در دنیای تو چه می گذرد

نکته: در تمام بازی‌های بالا بسیار با آرامی انجام دهید و مرتباً صورت و حالت‌های کودک را چک کنید، احساس تعجب و لذت بردن اشکالی ندارد اما اگر نشانه‌هایی از ناراحتی، ترس و گیج شدن درکودکتان دیدی بازی را متوقف کنید و اجازه دهید که کمی بزرگ‌تر شود.

تمام بازی‌ها را با شرایط ساده شروع کنید و آرام‌آرام برای کودکتان شرایط را سخت کنید.

مهم:

- کودک را را غافل‌گیر نکنید.
- برای او شعبده‌بازی نکنید، که او نه‌تنها خوشحال نمی‌شود بلکه از دنیا ترسیده می‌شود و به دنیا بی اعتماد می شود.

لطفاً در یک روز تعطیل فیلم از درون به بیرون (سرنشینان) را نگاه کنید و در مورد کارکرد مغز و حافظه با همسر خود صحبت کنید و به چند نکته مهم که یاد گرفتید اشاره کنید:

۱ _____

۲ _____

۳ _____

- داستان‌هایی که در آن مشابه اتفاقات تلخ گذشته افتاده اما آخر آن داستان نتایج خوب داشته است برای کودک خود تعریف کنید.

نمونه سوالاتی که حافظه کودک شما را تقویت می کند و قرار است از امروز از آنها استفاده کنید را بنویسید

مثال: دیروز در مهدکودک چه بازی کردی؟

آیا رنگ لباس معلم تان را بیاد داری؟

کیانا ۲

نکته سؤالات باید فقط کنجکاوانه باشد[1] و جنبه ارزش سازی غیبت و نصحیت نداشته باشد.

به ظرف های قدرت کودک خود فکر کنید کدام بزرگتر است؟

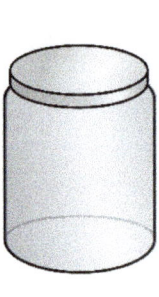 

---

[1] در مورد سؤالات کنجکاوانه در قسمت هوش عاطفی صحبت شده است

بخش دوم : در دنیای تو چه می گذرد

آیا گمان می کنید که یکی بزرگتر است روی آن بنویسید و در زیر کارهایی که برای پر کردن ظرف بزرگتر می کند را نام ببرید

به نظر شما کدام اقدامات مثبت است و کدام منفی

_____
_____
_____
_____
_____

به یاد دارید که من در کودکی از لیمو عمانی متنفر بودم دلیل مخالفت من تنها به دلیل پر کردن ظرف قدرت بود زیرا به اندازه کافی به من حق انتخاب داده نمی شد و من مجبور بودم خودم گاهی دست به انتخاب بزنم.

تفاوت های رفتاری کودک خود را با زمانی که یک یا دو ساله بود بنویسید.

_____
_____
_____
_____
_____

تفاوت های احساسی او را با زمانی که یک یا دو ساله بود بنویسید؟

کیانا ۲

آیا نیاز دارد با او بیشتر حرف بزنید ؟

آیا نیاز دارد با او بیشتر بازی کنید؟

آیا بیشتر سؤال می پرسد؟

آیا کمتر به حرفهای شما مانند قبل گوش می‌دهد؟

آیا کمتر نیاز دارد که مواظب او باشید و خودش بیشتر از قبل از خودش مراقبت می کند؟

یادداشت:

بخش سوم

اقتدار مثبت

- فرزند پروری بااقتدار مثبت چیست؟

بسیاری از کتاب‌های فرزندپروری با معرفی انواع متدهای فرزندپروری آغاز می‌شوند و مادران و پدران را طبقه‌بندی می‌کنند و بعد راه‌حل درست را می‌گویند.

این طبقه‌بندی‌ها همه درست هستند و دانشمندان روانشناسی سال‌ها برای رسیدن به این طبقه‌بندی‌ها بررسی و تحقیق کرده‌اند اما من قبل از اینکه مربی والدگری شوم زمانی که این کتاب‌ها را می‌خواندم دائماً به دنبال این بودم که بدانم من در کدام دسته قرار دارم و همسرم در کدام دسته و یا اطرافیانم؛ اما واقعیت این است که در روابط و رفتارشناسی نمی‌توانیم خودمان را صرفاً در یک دسته قرار دهیم زیرا ممکن است، من رفتارهایی را انجام دهم که به دو دسته مربوط می‌شود و این مسئله مرتباً فکر مرا درگیر می‌کرد که "من چه نوع پدر و مادری هستم؟" بجای اینکه به روی این متمرکز باشم که "چه نوع مادری بهتر است باشم" و یا "چگونه رفتار کنم" که بهترین خودم باشم.

در شیوه اقتدار مثبت سه اصل اساسی وجود دارد، به عبارتی مادر و پدر در تمامی سنین فرزندانشان باید این‌گونه باشند:

مهربان - آرام - مصمم

کیانا ۲

گام‌به‌گام تا رسیدن به اقتدار مثبت:

گام اول

ذهن آگاهی

ذهن آگاهی حالتی است که ما بتوانیم بر تمام افکار و احساسات خود تسلط داشته باشیم. ذهن آگاهی توانایی برای حضور در لحظه است، آگاهی از اینکه در کجا هستیم و چه‌کاری انجام می‌دهیم.

تمرین کش پول

یک کش پول به مچ خود بیاندازید و چند علامت در قسمت های مختلف خانه نیز بگذارید مانند کاغذ های رنگی روی درب کابینت یا یخچال و یا در کنار تلوزیون در پذیرایی تا به شما یاد آوری کند به رفتارتان واقق باشید.

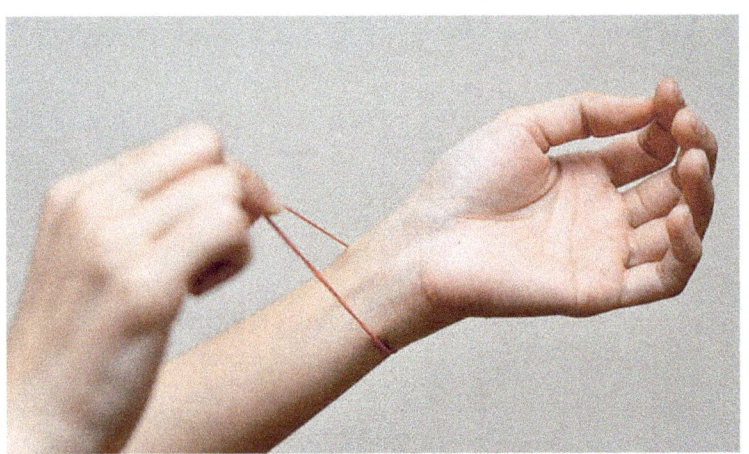

بخش سوم : اقتدار مثبت

هر زمان که جمله ای یا رفتاری را بر حسب عادت انجام می دهید که اشتباه است کش پول را یک بار دور دستتان بکشید و رها کنید. دردتان می آید اگر چندین بار این کار را بکنید ناخودآگاه بدنتان که دوست ندارد درد را تحمل کند به شما یادآوری می کند که رفتار درست را انجام دهید.

مثال: مادری که از مرتباً قربان صدقه چشمان و موهای دخترش می رفت و بعد از خواندن این کتاب تصمیم گرفت از این به بعد کارهای و تلاشهای او تحسین کند، و با استفاده از تمرین کش پول، تمرین ذهن آگاهی کند.

او تصمیم دارد بجای جمله

" دختر چشم قشنگم "

بگوید

" چه قدر عالی صورت ات را شسته ای و یا موهایت را زیبا شانه زده ای "

هر زمان که در روز اشتباهاً جمله چشمهای قشنگ یا موی قشنگ را می گویید یکبار کش روی مچش را می کشید و سپس به دخترش جمله درست را می گویید.

برای شروع ذهن آگاهی چه چیزی را می خواهید تغییر دهید؟

در روز اول تمرین چند بار کش را کشیدید؟

آیا به نظر شما این تمرین برای شما جواب می‌دهد ؟

کیانا ۲

آیا توانستید عادت یا عاداتی که شما را آزار می‌دهد حذف کنید؟

_____

_____

_____

_____

گام دوم

اتصال قبل از اصلاح

زمانی که کودکان بد رفتاری کنند ، می توان خیلی راحت با سرزنش، سرکوفت و حتی عصبانیت واکنش نشان داد زیرا این رفتارهای کودکان معمولاً در شرایط ایده‌آل اتفاق نمی افتد. بدرفتادی ها در زمانهایی اتفاق می افتد که بسیار سرمان شلوغ است ، هنگامی که ما در حال کار هستیم، برای رفتن دکتر دیرمان شده است ، یا خیلی خسته شده ایم و آماده رفتن به خانه از پارک هستیم. به همین دلیل ، رفتارهای نادرست کودکمان می تواند ما را به این فکر بیاندازد که، "چرا این کار را می‌کند ؟! این آخرین رفتاری است که من الان لازم دارم."

بنابر این طبیعی است که اولین کاری که به ذهنمان می رسد، عصبانی شدن است در صورتی با عصبانی شدن ما کودک برافروخته تر شده و نصیحت و حرف ما در او اثر نخواهد کرد. زیرا مادر از طبقه بالای مغز وارد می شود. همانطور که در فصل قبل گفتیم، راه ارتباطی مغز کودکان از طبقه پایین مغز است.

راهکار صحیح: مادر می‌تواند در اینجا مکث کند و با زبان بدن کودک را درک کند و دلیل اصلی رفتارش را ببیند و کودک را درک کند زمانی که اتصال برقرار شد و کودک درب بالای مغز را بروی مادر باز کرد مادر می تواند راههای اصلاح را در پی بگیرد.

بخش سوم : اقتدار مثبت

آیا به یاد می آورید زمانی که پدر و مادر مان قبل از اتصال، می خواستند شما را نصحیت کنند؟

آیا زمانی که شما با همسرتان اختلاف دارید دوست دارید او عصبانی شود و ایرادهای رفتاری شما را بگوید و یا دوست دارید، همسرتان با آرامش به شما بگویید که به دیدگاه متفاوت شما احترام می گذارد و شما را می تواند درک کند اما با شما موافق نیست و سعی می کند راه حلی مشترک بیابید که همدیگر را ناراحت نکنید.

گام سوم

خداحافظی با ابزارهای ممنوع

آیا در اطراف شما فردی وجود دارد که زیاد از شما انتقاد کند؟ آیا نسبت به او زمان انتقاد چه حسی دارید؟

آیا رفتاری است که معمولاً همه اطرافیانتان، شما را بابت آن سرزنش کنند؟ مانند بدخلقی، یا نامرتب بودن، بدقولی و یا آداب غذاخوردن

آیا نسبت به آن رفتار یا اخلاقی که دارید و بابت آن سرزنش شده اید، حساس شده اید؟

آیا نسبت به آن رفتار یا اخلاقی که دارید و بابت آن سرزنش شده اید، اعتماد به نفستان را از دست داده اید؟

آیا گاهی حس نمی کنید که دوست دارید از عمد آن رفتار را انجام دهید؟

آیا در کودکی تنبیه بدنی شده‌اید، در مدرسه یا خانه؟ چه حسی داشته‌اید؟

آیا در کودکی تنبیه غیر بدنی مثل محروم ماندن از چیزی را داشته‌اید؟ چه حسی داشته‌اید؟

آیا کودکتان را تنبیه می‌کنید؟ (منظورم حتی محروم کردن او از هر چیزی است)

بخش سوم : اقتدار مثبت

آیا در کودکی پدر، مادر و یا معلمتان به شما سر کوفت زده است ؟ چه احساسی داشته اید ؟ آیا جملات او با تکرار برایتان بی اثر نشده بود؟

_____

_____

آیا کودکتان را تهدید می کنید؟ مخصوصاً تهدید هایی که هیچ وقت هم خوشبختانه عملی نمی‌شود؟

_____

_____

آیا به کودکتان برای اینکه رفتاری مناسب داشته باشد، با بستنی و یا شکلات ، رشوه می دهید؟ به نظرتان راه درستی است

_____

_____

جواب دادن به سؤالات بالا شاید کمی سخت باشد و زمانی که فکر می کنیم بسیاری از رفتار های ممنوعه را ناخودآگاه انجام می دهیم. اما از زمانی که من سعی کردم این هفت ممنوعه را از زندگی خودمان حذف کنم، با اینکه ماهها به طول انجامید اما نتیجه اش غیر قابل باور بود. رفتار هایی مانند داستانی که در اول کتاب وقتی شیرین زبون شدی تعریف کردم که آن موقع بسیار زیاد شده بود. از بین رفت و جایش را رفتار های هنجار و روابط آرامش بخش گرفت. این ممنوعه ها در روابطم با همسرم نیز از بین رفت و زندگی برایمان بسیار زیبا تر شد.

برای مثال های اشتباه زیر جملات مناسب تر پیدا کنید که بویی از انتقاد و سرزنش و سرکوفت، شکایت، تهدید، تنبیه و رشوه نداشته باشد.

۱- **انتقاد،**
مثال "اتاقت چرا این‌قدر نا مرتبه! تو خیلی بی‌مسئولیتی!"

۲- **سرزنش،**
مثال "در مهمانی اصلاً بچه خوبی نبودی همیشه من را خجالت‌زده می‌کنی"

۳- **شکایت،**
مثال مادر از کودک به پدر شکایت می برد "خسته‌ام کرده است. از صبح تا شب دارم در این خونه کار می‌کنم و زحمت می‌کشم اما او اصلاً رعایت نمی‌کند"

۴- **نق زدن و سرکوفت،**
مثال "مواظب باش، گلدون را نشکنی. این‌قدر این‌ور و اون‌ور، ندو"

۵- تهدید کردن،

مثال "اگر شامت را تمام نکنی خبری از قصه نیست"
"بگذار بابات بیاد خونه من می‌دونم و تو!"

۶- تنبیه و مجازات کردن،

مثال "چون دفتر برادرت را پاره کردی، تلویزیون نمی‌توانی ببینی و باید به اتاقت بروی و تا شب بیرون نیایی"

۷- رشوه دادن

مثال "اگه شامت را تا ته بخوری، می‌تونی بیای توی تخت من بخوابی."

- **بجای کلمه نکن کلمه بیا بجایش این کار را بکن را بگذارید و اقدام کنید.** در طول روز زمانی که با کودک خود هستید به کارهایی که می‌کند و ما نمی‌خواهیم آن کارها را انجام دهد فکر کنید، آن‌ها را بنویسید و بجایش یک کار خوبی که همان احساس را به کودک بدهد و نیازش را پر کند بگذارید:

کیانا ۲

مثال:

آن قاشق را روی میز شیشه‌ای نکوب   بجای آن   قاشق را به این سطل بکوب صدای جذاب‌تری می‌دهد

بجای آن _____

بجای آن _____

بجای آن _____

بجای آن _____

بجای آن _____

بجای آن _____

گام چهارم
تصمیم گیری بکن فرزندم

در شبانه‌روز بسیاری از فرصت‌ها وجود دارد که می‌توانیم به کودکمان اجازه دهیم تا با انتخاب‌هایش توانایی‌های خودش را محک بزند. او باید یاد بگیرد که اگر انتخاب اشتباهی کند آن انتخاب اشتباه برایش توابعی دارد او تنها با توضیحات ما یاد نخواهد گرفت. بهتر است تجربه کند و از آن اشتباه‌ها درس بگیرد. این انتخاب‌ها برای کودک می‌تواند ظرف قدرتش را پر کند و او احساس ارزشمندی می‌کند. درنتیجه اگر به‌اندازه کافی در روز تصمیم‌گیری کند دیگر برای کسب قدرت به دنبال مخالفت با والدین نمی‌باشد.

بخش سوم : اقتدار مثبت

در اینجا برای هر مورد من یک مثال می زنم و شما تمامی راههایی که می‌توانید به او فرصت دهید تصمیم گیری کند را مثال بزنید. هر چه بیشتر بتوانید بنویسید و استفاده کنید، کمتر با بهانه جویی کودک روبرو می شوید.

۱- **تصمیم‌گیری برای خودش**

می‌خواهی بعد از نهار بخوابی و یا نقاشی کنی؟

در لیوان آبی رنگ برایت شیر بیاورم یا در لیوان قرمز!

۲- **تصمیم‌گیری برای خانه**

دخترم به نظرت چای را در فنجان‌های سفید بریزیم و یا این فنجان‌های آبی گل‌دار؟

۳- **تصمیم‌گیری برای شما:**

تو امروز برای من تصمیم بگیر که کدامیک از این دو روسری را بپوشم! سلیقه تو خوب است.

تو به من کمک کن که یکی از این دو ادوکلان را بزنم.

۴- درخواست کمک از کودک:

مثال: برای بردن این ظرف سر میز شام به کمک تو نیاز دارم!

برای تزئین خانه برای تولد پدر به کمک تو نیاز دارم!

کیانا ۲

۵- پرسیدن نظر کودک

در مورد رفتارهای عجیب آدم ها / نتیجه یک فیلم یا کارتون/ در مورد شیرینی جدیدی که پخته اید و گرفتن پیشنهادش بدون قضاوت
مثال : نظرت در مورد فیلم انیمیشنی که با هم دیدیم چه بود؟

بخش سوم : اقتدار مثبت

گام پنجم

برنامه ریزی و روال روزانه

تنوع در کنار حفظ روال‌ها

کودکان کوچک، از روال لذت می‌برند، روال بیشتر برای زمان‌بندی و ترتیب کارهاست اگر این روال را در غذاهایی که به او می‌دهیم، پارکی که او را می‌بریم و بازی‌هایی که با او می‌کنیم هم نگه‌داریم آنگاه کودک چپ مغزی پرورش می‌دهیم که خلاقیت را دوست نخواهد داشت.

مثال یک مادر کامل طبق روال همیشه بعد از خواب بعدازظهر با کودک اش به گردش می‌روند، یک روز به پارک می‌روند، یک روز او را به خانه خاله می‌برد، روزهایی در خانه می مانند و یک روز او را به استخر می‌برد. او در کمال رعایت روال فرزندش را با فعالیت‌های مختلف آشنا می‌کند.

- شما چه فعالیت‌های مشابهی در روز برای فرزندتان انجام می‌دهید که می‌توانید در عین حفظ روال‌ها در آن تنوع ایجاد کنید؟

....

....

....

روال‌ها ذهن کودک را برای انجام یک فعالیت آماده می‌کنند. به کودک آرامش می دهند و باعث کم شدن بحث، مخالفت کودک در مورد کارهای روزمره مانند غذا خوردن و غیره می شوند.

کیانا ۲

- برای کارهای زیر روال تعریف کنید:

حمام رفتن	مثال
_____	آماده کردن لباس‌های بعد حمام
_____	درآوردن لباس‌ها
_____	انتخاب چند اسباب‌بازی برای حمام
_____	آب ریختن در وان/ آب‌بازی در وان
_____	شامپو/ صابون
_____	خشک‌کردن
_____	لباس پوشیدن

خوابیدن	مثال
_____	پوشیدن لباس‌خواب
_____	انتخاب کتاب/ قصه
_____	دستشویی
_____	مسواک (شستن دندان‌ها)
_____	بوسیدن و شب‌به‌خیر گفتن
_____	انتخاب عروسکی که در تخت کودک می‌خوابد
_____	لالا

۸۶

بخش سوم : اقتدار مثبت

بیرون رفتن	مثال
_____	شستن دست و صورت
_____	انتخاب لباس
_____	دستشویی
_____	پوشیدن لباس
_____	شانه به مو
_____	نگاه کردن به آیینه
_____	پوشیدن جوراب و کفش

مهم است که ترتیب روال‌ها از طرف پدر و مادر حفظ شوند و اینکه اگر زمان انجام آن‌ها برنامه و روال برای کودک توضیح داده شود. در بسیاری از مواقع با همکاری خود کودک و مادر یا پدر انجام شود.

روال‌های دیگر را که به ذهنتان می‌آید، را بنویسید:

کیانا ۲

بخش سوم : اقتدار مثبت

گام ششم

شوخ طبعی

شوخ طبعی:

مادر و پدر محیط خانه را با حس و حالشان رنگ‌آمیزی می‌کنند، می‌توانند آن را به مکان کسل‌کننده و بی‌روح تبدیل کنند و می‌توانند آنجا را به یک بهشت دلپذیر تبدیل کنند.

- کدام از افراد خانواده شما شوخ‌طبع است و مدام خنده به لبان همه می‌آورد:

_____

_____

_____

- آیا از مصاحبت با او لذت می‌برید:

بله _____   خیر _____

- آیا با شوخ‌طبعی خنده به لبان همسر و فرزندتان می‌آورید؟

بله _____   خیر _____

در روز چند بار عامل شادی آن‌ها هستید؟

تقریباً هر لحظه _____   روزی سه الی چهار بار _____

بسیار کم _____   معمولاً جدی هستم _____

گام هفتم

به دنیای کودک سفر کنید

سفر به سیاره کودک به مادر و پدر کمک می‌کند که در زمان کمتر به مقدار قابل‌توجهی ظرف توجه کودک را پر کنند. چون در این سفر روزانه‌ی ۲۰ تا ۳۰ تمام توجه خالص پدر و مادر به کودک است

تعریف سفر به سیارک فرزند:

۲۰ تا ۳۰ دقیقه از روز را با کودک به فعالیتی اختصاص دهیم که کودک از آن لذت می‌برد او باید آن فعالیت را انتخاب کند. البته نه تحت‌فشار شما، بلکه آزادانه انتخاب کند. در این مدت شما باید با کودک تنها باشید. فعالیت نباید با کودک دیگرتان همراه باشد. هیچ عاملی شما را از سفر دور نکند. در این سفر نه گوشی تلفنتان آنتن می‌دهد و نه غذا سر می‌رود. **شما** هستید و **کودک** و **بازی** که دوست دارد. بازی با قوانین او و با خواست او.

قوانین سفر به سیاره فرزند

- بازی و سرگرمی باید بر اساس علایق فرزند باشد
- لحظه این که می خواهید برای کودک خود وقت بگذارید تمام لوازمی که حواستان را پرت می کند از خود دور کنید. تلفن جواب ندهید و موبایلتان را از خود دور کنید.
- کامل به کودکتان تمرکز کنید.
- از لباس یک والد بیرون بیایید و با کودک درون خود با کودکتان بازی کنید
- قواعد بازی را بر اساس نظر کودک بگذارید.
- برای سفر خود نام گذاری کنید تا کودکتان به اهمیت آن پی ببرد

بخش سوم : اقتدار مثبت

- کودک باید بداند که در فرصت محدودی که دارد باید از وجود شما کمال بهره را ببرد.
- کودک شما نباید برای طولانی کردن زمان سفر به شما اصرار کند.
- برای او زمان بگذارید و زمانی که وقت بازی تمام شد. بازی تمام می شود.
- تا جایی که خطر جانی تهدیدش نکند اجازه دهید که هر بازی و فعالیتی را می‌خواهد انجام دهد.

سرگرمی های پیشنهادی شما برای سفر به سیاره فرزند

بازی با جوراب های گلوله شده

درست کردن شیرینی با هم

درست کردن کاردستی با هم

بازی کامپیوتری دو نفری

آب بازی در روزهای گرم

کیانا ۲

گام هشتم

به کودک احترام بگذارید!

انسانی می‌تواند به دیگران احترام بگذارد که ابتدا به خـودش احترام گذاشته باشد. در درجه اول باید والدین به خود و به نیازهای خود احترام بگذارند. احترام به خود درسی است که ما به فرزندمان یاد می‌دهیم، در درجه دوم احترام به همسر و دیگر اعضای خانواده است.

چگونه به فرزندانمان احترام بگذاریم. بسیار ساده است:

- زمانی که شروع به حرف زدن می‌کنند، جملاتشان را کامل نکنیم.
- فکر نکنیم آن‌ها نمی‌فهمند، از آن‌ها بدگویی نکنیم و به آن‌ها برچسب نزنیم.
- به نیازهای ضروری‌شان اهمیت دهیم.
- وقتی قولی می‌دهیم، پای قول خود بمانیم.

به کودکی خود فکر کنید

- چه زمان‌هایی احساس می‌کردید به شما بی‌احترامی شده است؟

بخش سوم : اقتدار مثبت

- چه احساسی داشتید؟

- چه اقداماتی برای احترام به شخصیت کودک خود در حال حاضر انجام می‌دهید؟

- چه اقداماتی را برای احترام به خود هم‌اکنون انجام می‌دهید؟

- آیا زمانی که در کنار فرزندانتان هستید، پشت سر نزدیکان یا دیگر افراد خانواده غیبت و یا شکایت می‌کنید؟

کیانا ۲

- آیا دوست داشتید وقتی بچه بودید، چگونه به شما احترام می‌گذاشتند؟

- آیا آن‌ها را برای کودک خود انجام می‌دهید؟

- برای احترام به خود چه اقداماتی را از امروز به اقدامات قبلی اضافه می‌کنید؟

- برای احترام به کودکتان چه اقداماتی را از امروز انجام می‌دهید؟

- وقتی به کودک خود احترام می‌گذارید، چه احساسی دارید؟

بخش سوم : اقتدار مثبت

- زمانی که تصمیمی می‌گیریم. مانند ترک کردن خانه بستگان. چقدر در مقابل مخالفت کودکمان تحمل داریم و پای حرفمان می‌مانیم؟

☐ همیشه پای حرفم می‌مانم.
☐ معمولاً غیر از شرایط استثنایی مانند مریضی کودک.
☐ اگر گریه کند کوتاه می‌آیم.
☐ اگر آبروریزی کند و گریه‌زاری کند کوتاه می‌آیم.
☐ همیشه با میل او رفتار می‌کنم.

- زمانی که می‌خواهیم تصمیمی بگیریم به‌طور مثال او می‌خواهد در تخت ما بخوابد و ما مخالفت می‌کنیم.

☐ آیا فقط به او می‌گوییم که نمی‌شود. می‌گذاریم گریه کند.
☐ آیا با ۲ دقیقه گریه کوتاه می‌آییم و او را به تخت خود می‌آوریم.
☐ آیا با ۵ دقیقه گریه بلند کوتاه می‌آییم و او را به تخت خود می‌آوریم.
☐ آیا نزد او می‌رویم او را آرام می‌کنیم اما او را به تخت خود نمی‌آوریم. اما او را درک می‌کنیم اگر قرار باشد این کار را تا صبح با فواصل بیشتر انجام می‌دهیم.

- زمانی که می‌گوییم، برای خودمان قاعده‌ای در خانه می‌گذاریم (مثال: سر میز غذا استفاده از موبایل ممنوع) چقدر پایبند اصول می‌مانیم؟

☐ همیشه (قانونی را نمی‌گذارم یا آن را انجام می‌دهم)
☐ گاهی اوقات خسته می‌شوم و انجام نمی‌دهم.
☐ فقط چند روز اول پایبند می‌مانم.

- زمان کودکی خود را به یاد بیاورید، به نظر شما مادر و پدرتان، چه زمانی به خودشان احترام نگذاشتند و یا خود را نادیده گرفتند و این باعث می‌شد که شما **احساس گناه** کنید؟

_____
_____
_____

- زمان کودکی خود را به یاد بیاورید، با کدام‌یک از رفتارهای پدر و مادرتان احساس می‌کردید به شما **بی‌احترامی** شده است؟

_____
_____
_____

- در خانه شما، زمان کودکی **احترام گذاردن** را از چه کسی آموختید؟ چه کسی و چگونه الگوی شما بود؟

_____
_____
_____

بخش سوم : اقتدار مثبت

آیا به کودکتان بابت کارهایی مثل غذا خوردن و خوش‌رفتار بودن پاداش می‌دهید؟

_____
_____
_____

گام نهم

حرکت مصمم و ادامه دار!

مصمم بودن منظور قاطع بودن در رفتار و تصمیمات خودمان است. زمانی که من بعنوان مادر ویا من بعنوان پدر بر سر تصمیمات درست خودم می مانم و همواره و پیوسته آنها را انجام می دهم کودک هم مصمم بودن و ادامه دار بودن رفتار های خوب را یاد می گیرد.

قوانینی که معمولاً برای من همیشه و ادامه دار اجرا می شود و اقلاً در سال گذشته کاملاً اجرا شده اند، چیست؟ ۱۰ مثال بزنید؟ روزهای زوج هفته بدون استثنا یک ساعت به سالن ورزش می روم و ورزش می‌کنم. و یا حتماً هفته ای یکبار خوراک ماهی می خوریم.

_____
_____
_____
_____

کیانا ۲

اگر برای نوشتن ده قانون یا رفتار دچار مشکل شدید بدانید که انجام رفتار مصمم و ادامه دار برایتان سخت است و به شما پیشنهاد می‌کنم روی آن کار کنید.

می‌توانیدبا مراجعه به وب سایت فرزند راه از ابزار جدول بروکلی استفاده کنید.

قدم دوم برای مصمم بودن این است که زمانی که برای کودکانمان قانونی می‌گذاریم این قانون همیشه اجرا شود و به نرمی از آنها بخواهیم که آن را اجرا کنند و اگر می‌خواهند برای انجام ندادن وارد مذاکره شوند به آنها این اجازه را ندهید.

قانون را از فیلتر زیر رد کنید؟

قانونی که اجرا می کنید

۱- آیا عادلانه است. ــــــــ

۲- آیا کودکم دلایل انجام آن کار و قانون را می داند. ــــــــ

بخش سوم : اقتدار مثبت

۳- آیا روزی که آن قانون را می گذاشتید با آن موافقت کرده است. ـــــــ

۴- آیا آن قانون برای شما هم که بزرگتر هستید قابل اجراست. ـــــــ

ممکن است قانون این باشد که شبها قبل خواب تلویزیون نبینیم اما آیا شما هم قبل از خواب تلفن همراه را به تخت می برید؟ـــــــ

تصمیمات مصممانه و جدید شما چیست؟

_____

_____

_____

_____

_____

کیانا ۲

گام دهم

صبور و آرام باشیم

- موقعیت‌هایی که برایتان در این هفته اتفاق افتاده و باعث شده شما از کوره دربروید را بنویسید. و توضیح دهید که چه کرده اید؟

_____

_____

_____

_____

_____

_____

- آیا بعد از گذشت زمان از آن واکنشی که هنگام لبریز شدن صبرتان نشان داده‌اید، پشیمان شده‌اید؟

بله _____ خیر _____

- آیا می‌خواهید در موقعیت‌های شبیه این صبورتر باشید؟

بله _____ خیر _____

تمرین پروانه به همراه نفس کشیدن:

همه ما در طول روز عصبانی و نگران می شویم. تمرین پروانه ای برای جلوگیری ار واکنش شدید در زمان عصبانیت طراحی شده است. و کمک می کندکه آرامش به ذهن و روان ما بازگردد. اما ابتدا باید بدن برای این تمرین برنامه نویسی کنیم. یعنی به بدنمان آموزش دهیم. پس زمانی که در شرایط بسیار آرام هستید، دست راست را روی قلبتان قرار دهید و دست چپ را روی شکمتان آنگاه تمرین نفس کشیدن کنید:

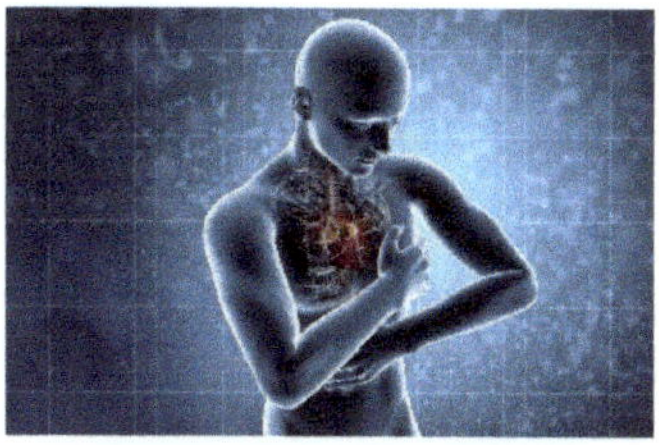

۵ شماره دم

۵ شماره حبس نفس

۵ شماره بازدم

زمانی که یک هفته این تمرین را انجام داده‌اید. بدن را شرطی می کنیم که زمانی که دست راست روی قلب و دست چپ روی شکم قرار می گیرد. بدن به مغز این فرکانس را می فرستد که آرامش بگیرد و مغز نیز فوراً دستور متوقف شدن ترشح هورمون آدرنالین و ترشح هورمون سروتونین را می‌دهد و تنفس و ضربان دوباره آرام می شود. این تمرین زمان عصبانیت و یا زمانی که نیاز دارید صبور باشید، همین کار را انجام دهید. اثر آن بی‌نظیر است. البته به شرط اینکه ابتدا بدن را برای انجام آن برنامه ریزی کنید.(این تمرین را ۲۰ روز تا یک ماه زمان آرامش مثلاً زمان خوال انجام دهید و بدن تان آنرا برنامه ریزی می کند).

کیانا ۲

گزارش تمرین پروانه‌ایی

آیا به مدت یک هفته هر شب زمان خواب یا استراحت این تمرین را انجام داده‌ام.
ـــــــــــــــــــ

زمان بحران از آن استفاده کرده‌ام. ـــــــــــــــــــ

نتیجه را بنویسید؟

ـــ
ـــ
ـــ

- برنامه‌ها و بازی‌هایی که به وجود شما نیازی نیست و برای کودکتان جذابیت دارد را لیست کنید: (از آن‌ها زمان بحران می‌توانید استفاده کنید)

ـــ
ـــ
ـــ
ـــ
ـــ

تمرین : "۲-۲-۲ "

هر زمان اتفاقی می‌افتد که باعث ناراحتی شما می‌شود، چشم‌هایتان را ببندید و فرض کنید ۲ ساعت، ۲ روز و یا ۲ سال گذشته است و آن مسئله بالاخره رفع شده است. سعی کنید آرامشی که قرار است ۲ ساعت، ۲ روز و یا ۲ سال دیگر را داشته باشید، اکنون بازیابید:

- تمرین "۲-۲-۲" را انجام دهید:

بهترین نقطه شروع کمتر کردن"نکن ها" و "نه های" غیرضروری است که به کودک نوپا و کنجکاومان می‌گوییم.

- آیا نتیجه آن چیزی که احوال شما را به هم ریخت ارزش ناراحت کردن شما را داشت.

بله ______ خیر ______

تمرین " دستگاه کپی"

این یک تمرین است که به ما کمک می‌کند در مواقع بحران، کار و رفتار اشتباهی نکنیم. فرض کنید که کودک شما یک دستگاه کپی رفتار دارد که هر رفتاری که شما می‌کنید را عیناً می‌تواند تکرار کند که البته کودک شما کمی بزرگ‌تر که شد، حتماً این کار را خواهد کرد اما اکنون به علت محدودیت‌هایی که دارد شاید هنوز به‌طور کامل نمی‌تواند کارها، رفتارها و حرفهای ما را کپی کند.

حال آیا هر رفتاری که ما می‌کنیم مانند داد زدن، سرزنش کردن و یا دعوا کردن آیا اگر کودکمان هم همان رفتار را انجام دهد، ناراحت نمی‌شویم.

بله ______ خیر ______

کیانا ۲

اگر جواب بله است. پس سعی کنیم آرام‌تر برخورد کنیم.

- آیا زمانی که رفتار صبورانه‌تری نشان دادید از حال خود راضی‌تر نیستید.

بله ــــــــــ   خیر ــــــــــ

رفتارهایی که دوست دارید کودکتان کپی کند را بنویسید:

ــ   ــ

ــ   ــ

ــ   ــ

ــ   ــ

بخش سوم: اقتدار مثبت

گام یازدهم
اعتماد سازی کنیم

اعتمادسازی و اعتبار سازی:

- زمان کودکی خود را به یاد بیاورید، چه کسی را می‌شناختید که به تمام قول‌هایش عمل می‌کرد. آیا به او اعتماد داشتید؟   بله _____ خیر _____

- آیا در زمان کودکی به قول‌هایی که به شما می‌دادند توجه می‌کردند؟
بله _____ خیر _____

- در هر دو صورت چه حالی داشتید؟
_____
_____

- آیا به قول‌های خود عمل می‌کنید؟
بله _____ خیر _____

- زمانی که به قول خود عمل می‌کنیم کودک ما را، چگونه می‌بیند؟
_____
_____

- آیا با فرزند خود صادق هستید؟
بله _____ خیر _____

کیانا ۲

گام دوازدهم

محدودیت ها

- زمانی که قانونی در خانه وضع می‌کنیم یا از اصول فرزند پروری و متد جدیدی می‌خواهیم استفاده کنیم چقدر به‌درستی آن اطمینان داریم؟ چقدر در مورد آن تحقیق کرده‌اید؟ آیا از فیلترهای زیر رد کرده‌اید؟

۱- علوم جدیدی فرزند پروری و یا روش غیرعلمی

☐ آیا این متد بر اساس علوم جدید است.
(مانند مادری که کتاب می‌خواند و تحقیق می‌کند و کلاس می‌رود)

☐ یا بر اساس آنچه از قدیم می‌دانم، یک روش من‌درآوردی و یا روشی که والدینمان را بکار می‌گرفتند

۲- انتخاب **منطقی** یا **حسی**

☐ آیا انتخابم بر اساس منطق است، مانند مادری که زمان دل‌درد بدن فرزندش را ماساژ می‌دهد با او همدردی می‌کند و لیست غذاهایی که روی شیرش تأثیر بد می‌گذارد را می‌نویسد.

☐ یا بر اساس احساسی است. مانند مادری که ندانسته به فرزندش آب‌قند می‌دهد، تنها به دلیل اینکه آب‌قند دل‌درد را موقتاً آرام می‌کند.

بخش سوم : اقتدار مثبت

۳- بهترین انتخاب یا آسان‌ترین انتخاب

☐ آیا این انتخاب برای فرزندم بهترین انتخاب است، مانند مادری که تخت کوچک و استانداری کنار تخت اش می‌گذارد و زمان شیردهی، از جا بلند می‌شود به او شیر می‌دهد و سپس او را می‌خواباند.

☐ یا آسان‌ترین و راحت‌ترین انتخاب است. همانند مادری که نوزاد تازه به دنیا آمده را در تخت خودش می‌خواباند تا برای شیر دادن مجبور نشود از جا بلند شود.

۱- انتخاب بر اساس نتایج بلندمدت و یا کوتاه‌مدت

☐ وقت و حوصله کافی برای رسیدن به نتایج بلندمدت دارم، مانند مادری که برای غذا خوردن فرزندش به او دلگرمی می‌دهد اما اصرار نمی‌کند.

☐ یا نتایج کنونی برایم مهم‌تر است، مانند مادری که برای غذا خوردن پاداش می‌دهد

۲- قضاوت دیگران و یا یا راه درست

☐ آیا بر اساس قضاوت دیگران این تصمیم را می‌گیرم و یا باوجود قضاوت دیگران کاری که می‌دانم درست را انجام می‌دهم؛ مانند مادری که وقتی فرزندش اسباب‌بازی‌هایش را با دوستانش تقسیم نمی‌کند به او حق می‌دهد اما به او آموزش می‌دهد که باهم بازی کند.

☐ و یا حرف و قضاوت دیگران بر من تأثیر می‌گذارد و روی رفتارم با کودکم تغییر ایجاد می‌کنم؛ مانند مادری که وقتی کودکش در جمع اشتباهی می‌کند به خاطر ترس از قضاوت دیگران کودکش را سرزنش می‌کند.

۳- انتخاب بر اساس دلسوزی و یا آینده‌نگری

☐ آیا این انتخاب واقعاً بهترین انتخاب برای فرزندم است؛ مانند مادری که به نیازها جواب مثبت می‌دهد و به بعضی خواسته‌ها جواب منفی.

☐ یا با دلسوزی است و مانند مادری که برای اینکه احساس بهتری دارد برای فرزندش هر کاری می‌کند و تمام حق‌ها و سهم‌ها را به او می‌دهد

نکته: هیچ‌کس کامل نیست. من می‌دانم که بسیاری از ما ممکن است انتخاب‌های اشتباهی برای فرزندمان بکنیم. دلیل استفاده از این کتابچه نگران شدن از انتخاب‌های قبلی‌مان نیست؛ اما می‌توانیم از این به بعد به این فیلترها فکر کنیم و هر انتخاب مهمی که برای آینده فرزندمان قرار است انجام دهیم را از این فیلترها رد کنیم.

بخش چهارم

ارتباط با کودک

شنیدن مؤثر

در پروسه پرورش فرزند، هم ما و هم فرزندمان یاد می‌گیریم که شنیدن مؤثر چیست.

شنیدن سه نوع دارد:

۴- **شنیدن نوع اول**

۵- **شنیدن نوع دوم**

۶- **شنیدن نوع سوم**

برای داشتن ارتباط مؤثر با فرزندانمان، بهتر است یاد بگیریم که با شیوه سوم آن‌ها را بشنویم و این باعث می‌شود حتی یک مادر از صدای گریه نوزادش متوجه شود که چه نیازی دارد و چگونه محترمانه به درخواست نیازش پاسخ دهیم.

- در زمان بچگی کدام از افراد خانواده، بیشتر به حرف‌های شما گوش می‌داد؟

- اکنون در اطراف خود بهترین فردی که به نظر شما شنونده خوبی است و شمارا درک می‌کند کیست و چگونه این صفت را دارد؟

_____

_____

- شما برای اینکه از امروز شنونده بهتری باشید، چه تغییراتی می‌خواهید انجام بدهید؟

_____

_____

_____

- برای درک بهتر و شنیدن کودکتان این مراحل را انجام دهید و نتیجه را بنویسید؟

۱- زمانی که کودکم می‌خواهد، گریه کند، نق می‌زند و یا می‌خواهد حرفی بزند، هم‌سطح او می‌شوم.

_____

۲- زمانی که کودکم می‌خواهد، گریه می‌کند، نق می‌زند و یا می‌خواهد حرفی بزند، به چشمان او خیره می‌شوم.

_____

۳- حرفش را قطع نکنم و تا پایان به او گوش دهم.

_____

بخش چهارم: ارتباط با کودک

۴- با او حتی اگر مخالف هستم، همدردی کنم و بلافاصله نه و نباید و نمی‌شود تحویلش ندهم به‌جای آن بگویم می‌دانم که دوست داری این کار را کنی اما!

۵- شنونده نوع سوم چیست؟ آیا من می‌خواهم از امروز سعی کنم شنونده نوع سوم شوم؟

حال یک هفته این تمرینات را انجام دهید و سپس به این کتابچه بازگردید و نتایج اقدامات خود را بنویسید؟

درک متقابل

زمانی که شنیدن مؤثر را بیاموزیم، درک کردن متقابل، مرحله دوم کار است. در کودکان زیر ۶ سال، کار مادر و پدر کمی دشوارتر می‌شود و حدود نیمی از پدران و مادرانی که تا قبل از سه‌سالگی ارتباط بسیار خوبی با کودکان داشته‌اند و گزارش داده‌اند که کودکانشان از ۳ سالگی به بعد به آن‌ها گوش نمی‌کند و دائماً در ارتباط با کودکان مشکل‌دارند، به دلیل اشکال در درک آن‌هاست. تا قبل از ۳ سالگی نیازهای کودک عبارت بود از غذای کافی، خواب خوب، بازی و تماس زیاد با مادر و پدر. او از اینکه مادر و پدر برایش برنامه‌ریزی کنند خوشحال است؛ اما بعد از ۲ تا ۳ سالگی نیازهای کودک وسیع‌تر می‌شود و او اکنون می‌خواهد توانایی‌هایش را بشناسد و به خودش و به دیگران ثابت کند که:

من قوی و توانا هستم!

من منحصربه‌فرد هستم!

۲- درک باوری که در پشت هر رفتار کودک است:

تمـام رفتارهای انسانی، دلیلی دارند و این دلایل به علت باورهای است که از بدو تولد شکل‌گرفته است. زمانی که باورهای پشت رفتارهای آن‌ها را بدانیم به‌راحتی می‌توانیم به آن‌ها کمک کنیم که رفتارهایشان را تغییر دهند. زمانی که کودکان ما کوچک‌تر هستند، نه‌تنها باورها بلکه نیازها و توانایی‌های رشدی آن‌ها نیز بروی رفتارهای آن‌ها تأثیر دارد.

- به رفتارهای کودک خود دقت کنید، آیا می‌توانید دلیل اصلی بعضی از رفتارهایی که ناهنجار می‌دانید را درک کنید؟ آن رفتارهای بنویسید و با توجه به مطالب کتاب **دلیل اصلی** که به نظرتان می‌آید را بنویسید؟

بخش چهارم: ارتباط با کودک

مثال:

رفتار: کودک ۶ ساله ام بسیار دلپیچه و اسهال دارد، دکتر تمام آزمایشات را انجام داده و نشانی از بیماری ندیده است

دلیل: ممکن است دلیل اش اضطراب باشد، آیا والدین و یا معلم مهد و یا کسی که از او مراقبت می کند او را بسیار سرزنش می کند و یا دیکتاتور است

رفتار: زمانی که کاری بر خلاف میل اش است ساعت ها گریه می کند و پا به زمین می کوبد و زجه می زند و کتک کاری می کند

دلیل: او در خانه و در طول روز به اندازه کافی حق انتخاب ندارد و نیاز دارد که بیشتر احساس قدرت کند. زیرا می خواهد به همه و خودش ثابت کند که انسانی است با اراده.

رفتار: او زمانی که به مهمانی می رویم همه چیز را بهم می ریزد اما در خانه بسیار مؤدب است.

دلیل: زیرا در مهمانی شما تمام توجه تان به دیگران است و او احساس کمبود توجه دارد. این رفتار برای تک فرزندها بسیار اتفاق می افتد.

اگر دلیل رفتارهایی که ناراحت‌تان می‌کند را نمی‌دانید، رفتارهای را بنویسید و برای تشخیص دلایل آن دوباره به کتاب رجوع کنید.

رفتار:

دلیل:

رفتار:

دلیل:

رفتار:

دلیل:

بخش چهارم: ارتباط با کودک

- از امروز به احساسی که پشت هر رفتارمان است فکر می‌کنیم. بسیار ساده است هر رفتاری و حرفی که برای جهت‌بخشی فردی دیگر است را با سؤالات زیر برای خودارزیابی کنیم:

- چرا این سؤال را پرسیدم و یا چرا این درخواست را کردم و یا چرا با چیزی مخالفت کردم؟

این باعث می‌شود که به احساسی که پشت حرف‌هایمان هست فکر کنیم. می‌توانیم دلایل بعضی از کارها، رفتارها و مخالفت‌هایمان را اینجا بنویسیم: این تمرین را در قبلاً برای رفتارهای کودک انجام داده‌ایم اما اینجا برای رفتارهای خود آن‌ها را بنویسیم:

رفتار:

دلیل:

رفتار:

دلیل:

رفتار:

کیانا ۲

دلیل:

_____

_____

- چه موضوعاتی باعث می‌شود در یک روز، بیشترین زمان و انرژی شما بابت سروکله زدن با فرزندتان صرف شود. به دلایلی که با شما مخالفت می‌کند و یا بهانه‌جویی می‌کند؟

مانند نپوشیدن جوراب یا کاپشن، یا دعوا با خواهر برادر و غیره

_____

_____

_____

_____

فکر می‌کنید دلیل این‌ها دعوا بر سر قدرت است؟

بله _____ خیر _____

قبل از آموزش به کودکان، با آن‌ها ارتباط برقرار کنیم چون همان‌طور که قبلاً گفتیم ایجاد احساس **تعلق و مهم بودن** به آن‌ها کمک می‌کند که بیشتر به دنیای اطرافشان اعتماد کنند.

بخش چهارم: ارتباط با کودک

چگونه در ارتباط با موضوعات بالا می‌توان قبل از وارد شدن به موضوع، با کودک ارتباط نزدیک‌تری برقرار کرد.

_____
_____
_____
_____

بهترین راه برای اینکه کودکمان احساس قدرت کند دادن تعدادی حق انتخاب در روز به او است. ده انتخاب که می‌توانید بر عهده کودک بگذارید را در زیر بنویسید:

مثال: از امروز زمان برای پوشیدن لباس‌هایش بین دو لباس حق انتخاب به او می‌دهم؟

از امروز برای انتخاب رنگ بشقاب و لیوانش از بین ۳ رنگی که داریم به او حق انتخاب می‌دهم؟

گاهی از او می‌پرسم که بین دو روسری برای من روسری انتخاب کند؟

۱- _____
۲- _____
۳- _____
۴- _____
۵- _____

۶- ....

۷- ....

۸- ....

۹- ....

۱۰- ....

- پنج راهی که می‌توانید در خانه از او کمک بگیرید را بنویسید

مثال: زمانی که از فروشگاه بیرون می‌آییم از او می‌خواهم که کنترل درب ماشین را بزنند.
قاشق‌ها و لیوان‌ها را سر میز ببرد.
دکمه آسانسور را کمک ما بزنند.

۱- ....

۲- ....

۳- ....

۴- ....

۵- ....

اکنون‌که پسر من ۱۲ ساله است، هرروز و هرلحظه از آن دوران می‌پرسد و می‌خواهد بسیاری از جزئیات را بداند حتی اینکه زمانی که به پدرش گفتم باردارم چه احساسی داشتیم و یا اینکه اولین بار که سر او داد زدم کی بود و چرا؟ آیا احساس پشیمانی کردم یا خیر؟

بخش چهارم: ارتباط با کودک

- دانستن این‌ها به فرزندتان هویت می‌دهد و باعث می‌شود احساس مهم بودن در او تقویت شود. از نوشتن خسته نشوید!

رفتار:
_____

دلیل:
_____
_____

رفتار:
_____

دلیل:
_____
_____

رفتار:
_____

دلیل:
_____
_____

به‌طورقطع، هر انسانی به هر ۵ گزینه بالا نیاز دارد، هر چه شخصیت انسان‌ها بیشتر شکل می‌گیرد، یکی از نیازها بزرگ‌تر از بقیه می‌شود و این موضوع خودش را بیشتر نشان می‌دهد بر اساس تئوری انتخاب که توسط دکتر ویلیام گلاسر مطرح شد. انسان‌ها داری ۵ نیاز اساسی و ابتدایی هستند این نیازها عبارت‌اند از

نیاز به آزادی، نیاز به تفریح، نیاز به بقا، نیاز به توجه و عشق و نیاز به قدرت برای هر کدام از اینها مثالی از رفتار های خود بزنید که دلیل اصلی آن رفتار آن نیاز می باشد.

- **نیاز به آزادی**

- **نیاز به تفریح**

- **نیاز به بقا**

- **نیاز به قدرت**

- **نیاز به توجه و عشق**

ارزیابی شیوه فرزند پروری والدین

به جدول دیانا بومراند برگردیم در کتاب توضیحات را بخوانید و بگویید که با توجه به توضیحات جدول فکر می کنید کجای این جدول هستید و فکر می کنید که همسرتان کجای این جدول است.

والدگری باقتدار مثبت توجه زیاد توقع زیاد	**والدگری بی‌اراده** توجه زیاد توقع کم	زیاد توجه
والدگری دیکتاتوری توجه کم توقع زیاد	**والدگری غافل** توجه کم توقع کم	کم
زیاد — توقع	کم	

شما می‌توانیدجایی میان دو یا سه قسمت باشید.

کیانا ۲

حالا فکر می‌کنید مادر و پدر شما جزء کدام از قسمت های جدول بودند: پدر و مادر همسرتان چطور نام آن‌ها را مقابل دسته‌ها بنویسید. (ممکن است مادر و پدرتان در یک دسته نبودند)

لطفا اول نام همه در را درجدول صفحه قبل همانگونه که شما فکر می کنید هستند قرار دهید.

و برای ارزیابی به گذشته و زمان کودکی خود برگردید و اکنون‌که پدر و مادربزرگ شده‌اند حتماً فرق کرده‌اند:

نکته: دلیل اینکه در مورد مادر و پدرهایمان اینجا صحبت می‌کنیم ابداً زیر سؤال بردن مهارت‌های فرزند پروری آن‌ها نیست. آن‌ها بهترین کاری که در زمان خود می‌دانستند برای ما انجام داده‌اند و دانش روانشناسی و رفتارشناسی در ۳۰ سال گذشته بسیار پیشرفت کرده است. دلیل اش این است که ما شیوه فرزند پروری خود را ارتقا دهیم.

آیا پدر و مادر شما جزء سه دسته اول بودند. فکر می‌کنید، کدام‌یک از رفتارهای اکنون شما، که آن رفتار را دوست ندارید به متد والدین شما مربوط بوده است:

....

....

....

....

آیا از شیوه فرزند پروری خود و همسرتان کاملاً راضی هستید؟

بله .... خیر ....

بخش چهارم: ارتباط با کودک

اگر راضی نیستید فکر می کنید کدام یک از گزینه و یا گزینه های زیر برای شما باید تغییر کند.

☐ نیاز است که به فرزندم توجه بیشتری نشان دهم.

☐ نیاز است که از فرزندم توقع بیشتری داشته باشم.

☐ نیاز است که هم توقع بیشتری داشته باشم و هم توجه بیشتری.

☐ نیاز است که تغییراتی در نوع توجه بدهم.

☐ نیاز است که تغییراتی در نوع توقع بدهم.

همراهی و همدلی

یکی از آجرهای ارتباط مؤثر داشتن با کودک این است که بدانیم مهربانی از دید کودک ۳ تا ۶ سال چگونه است؟

جملاتی که در روزمره برای عشق ورزیدن به کودکتان به کار می برید در اینجا بنویسید

به جملاتی که نویشته اید دقت کنید ببینید کدام از گزینه های زیر برای آن صدق می‌کند.

- [ ] آیا به ظاهر فیزیکی کودکتان عشق می ورزید و آنرا تحسین می کنید؟
- [ ] آیا عشق ورزیدن مشروط است یعنی بواسطه کارخوبی است که انجام می‌دهد و یا فارغ از رفتار های اوست.
- [ ] آیا به او برچسب می زنید و یا مهارت اش را تشویق می کنید.

حال بیایید جملاتی را که بالا نوشته اید را به جملات مناسب تر تغییر دهید. برای نمونه برای شما چند مثال می زنم.

مثال:

پسر زرنگ ← چقدر سریع پازل را حل کردی

آقای قوی ← چقدر با قدرت این صندلی را جابجا کردی

دیگه مرد شدی ← چقدر خوب با اینکه کمی دردت گرفت گریه نکردی

دختر خوب یا خوشکل ← چه لباس مناسبی انتخاب کردی

یا چقدر بزرگ شده ← این رفتارت خیلی مهربانانه بود

چشمهات زیباست ← نگاه ات زیباست و یا موهات را که به این زیبایی شانه می کنی چشهایت زیباتر می شود.

دل‌بستگی ایمن:

دل‌بستگی، پیوند عاطفی عمیقـــی است که با افراد خاصی در زندگی خود داریم که باعث می‌شود وقتی با آن‌ها تعامل می‌کنیم، لذت ببریم. در مـواقع استرس، از نزدیکی آن‌ها احساس آرامش می‌کنیم. دل‌بستگی در کودک نیز از همین تعاریف برخوردار است.

- آیا در کودکی دل‌بستگی ایمن را تجربه کرده‌اید؟ چند حس و خاطره خوب از آن دل‌بستگی ایمن بنویسید؟

آیا کودک شما کدامیک از اقدامات زیر را دارد

۱- قادر به جدایی از والدین هستند.

۲- هنگام نیاز، از والدین برای آرامش کمک می‌خواهند.

۳- به دنیا اعتماد دارند.

۴- والدین را به افراد غریبه ترجیح می‌دهد.

۵- زمانی که از والدین جدا می‌مانند احساس ناراحتی می‌کنند اما می‌توانند با دیگران نیز ارتباط برقرار کنند.

۶- نسبت به غریبه‌ها بی‌اعتمادند.

۷- هنگام ترک والدین بسیار ناراحت می‌شوند.

۸- هنگام بازگشت والدین، احساس آرامش نمی‌کنند.

۹- بسیار به والدین و معلمان خود می‌چسبند.

شماره ۱ تا ۵ کودک با دلبستگی ایمن است و شماره ۶ تا ۹ دلبستگی نا ایمن است

- آیا برای اینکه این دل‌بستگی ایمن را به فرزندمان بدهیم چه اقداماتی می‌کنیم؟

۱ ______________________________

۲ ______________________________

۳ ______________________________

۴ ______________________________

بخش پنجم

پرورش هوش عاطفی

ایی-کیو یا هوش هیجانی عبارت است از توانایی شناخت احساسات، روان، عواطف و حالات درونی خود و دیگران، همچنین نام‌گذاری و کنترل رفتارها و تعاملات. ایی-کیو[1] یک هوش است، که دست‌یافتنی و آموختنی است.

به کودک خود کمک کنید تا کلماتی برای بیان احساسات خود پیدا کند و واژگان احساسی مناسب باحال و هوایش را یاد بگیرد. اگر او پریشان باشد، ممکن است بگویید، **"تو در مورد این موضوع عصبانی هستی، آیا این‌طور نیست؟"** شما همچنین می‌توانید به او بفهمانید که طبیعی است که احساسات متضاد در مورد چیزی داشته باشید. برای مثال، او ممکن است برای رفتن به یک پارک هم **هیجان‌زده** باشد و هم احساس **ترس** کند.

هوش عاطفی مقدمه آموزش مهارت‌های اجتماعی است.

---

[1] EQ **Emotional Intelligence**

- زمانی که فردی را نمی‌شناسید، آیا وقتی به او نگاه می‌کنید، از حالات او متوجه می‌شوید چگونه آدمی است؟ آیا این پیش گویی در مورد آدم شناسی تان معمولاً درست از آب در می آید یا خیر؟

....

....

- آیا نگرانی همسرتان را بدون اینکه به شما حرف بزند می‌توانید تشخیص دهید؟

....

....

- از چه نشانه‌هایی برای تشخیص حالات روحی افراد استفاده می‌کنید؟

....

....

- زمانی که کودکتان گریه می‌کند می‌توانید نیاز او را درک کنید؟

بله ....   خیر ....

- زمانی که اتفاقی برای شما افتاده و شما بسیار عصبانی هستید، دوست دارید اطرافیانتان کدام از کارهای زیر را انجام دهند؟

- ☐ به شما بگویند دلیلی ندارد که این اتفاق شما را عصبانی کند.
- ☐ به شما بگویند که چه راهکاری انجام دهید که مشکل حل شود با اینکه به مشکل شما کاملاً گوش ندادهاند.
- ☐ به شما بگویند بجای عصبانیت بیا بنشین ایمیل ات را چک کن یا بیا برو کودکت را ببر پارک تا حواست پرت شود.
- ☐ تنها به من گوش کنند و بگویند؛ می‌توانند مرا درک کنند و اگر کمکی از دستشان برآید دریغ نمی‌کنند.

- زمانی که کودک شما جیغ می‌زند و عصبانی است شما چه می‌کنید:

- ☐ به او می‌گویید نباید گریه کنی، گریه نکن، خوب چیزی نشده است.
- ☐ با اینکه دقیقاً نمی‌دانیم دلیل گریه‌اش چیست به او یک‌راه حل می‌دهیم.
- ☐ حواس او را پرت می‌کنید و به او پیشنهاد یک‌چیز دیگری می‌دهیم که گریه نکند.
- ☐ او را در آغوش می‌گیریم آرام می‌کنیم به او گوش می‌دهیم و به او می‌گوییم می‌فهمیم که چرا عصبانی است.

همان‌طوری که همه ما با راه‌حل آخر آرام می‌شویم و نیاز به این داریم که شنیده و درک شویم و در این صورت می‌توانیم خودمان مشکلمان را با آرامش حل کنیم کودکان ما نیز نیاز دارند که شنیده و درک شوند و با پرت کردن حواسشان قبل از اینکه آرام شوند دوباره زود عصبانی می‌شوند چون با پرت کردن حواس آن‌ها، فرصت یادگیری کنترل عصبانیت را از آن‌ها می‌گیریم.

رشد هوش هیجانی برای کودکان ۳ تا ۶ سال:

گام اول، شناخت احساسات درونی خود:

از همین الان با استفاده از ذهن آگاهی که یکی از گامهای فصل قبل است، تمرین شناخت احساسات خود را شروع کنید:

هر احساسی که به شما وارد شد را بررسی کنید و بنویسید که بدن شما چه واکنشی نسبت به آن احساس نشان داد، اگر دقیقاً نام احساس را نمی دانید مهم نیست شرحی از احوال خود بنویسید:

مثال ۱:در دلم احساس می‌کنم حبابهایی قل قل می کند. وصدای ضربان قلبم را می‌شنوم

مثال ۲: زمانی که این حس را دارم دندانهایم را روی هم فشار می‌دهم و از فشار مشت ناخن هایم در کف دستم فرو می‌کنم.

مثال ۳: احساس می‌کنم سینه ام وسیع شده است و در دستانم گرمی حس می‌کنم و دلم می خواهد آنها را باز کنم به سمت آسمان.

بخش پنجم: پرورش هوش عاطفی

_____
_____
_____
_____

گام دوم، نام‌گذاری احساسات درونی خود:

در علم روانشناسی ۳۲ هزار احساس در انسان شناخته شده است، اما ما انسانها بیشتر از چند احساس خبر داریم به طور مثال احساس عصبانیت، شادی و ترس. اما دانش به دست کم تعدادی از آنها به ما کمک می کند که بتوانیم به تعادل روانی برسیم و بهتر بیشتر با اطرافیانمان ارتباط برقرار کنیم.

چرا باید به تعادل روانی برسیم:

زمانی که ما بتوانیم به احساسات خود واقف باشیم

اول می توانیم زندگی شادتری داشته باشیم

دوم می توانیم تصمیمات بهتری بگیریم و

سوم درک احساسات اطرافیان و در نتیجه ارتباط بهتر با آنهاست.

اکنون نیاز است که احساسی که باعث علائم فیزیکی که در مرحله قبل را نوشتیم می شود را شناسایی کنیم و نام گذاری کنیم. از آنجایی که انسانها باهم متفاوت هستند ممکن است علائم فیزیکی در یک احساس برای همه یکسان نباشد اما در بسیاری موارد مشابه است.

بعد از هر احساس هورمون یا هورمون هایی در بدن ما منتشر می شود که باعث ایجاد تغییرات می شوند.

زمانی که نگران هستیم هورمون کورتیزول در خون بیشتر است و برای بعضی ها باعث ایجاد قل قل در شکم و یا خواب رفتگی دستها می شود و شاید برای برخی دیگر عواملی مانند تپش قلب همراه داشته باشد و یا زمان شادی هورمون اکسی توسین در بدن ترشح می شود که باعث گرم شدن دست ها و پا ها می شود. حال به جدول احساسات نگاه کنید و بجای احساس خوشحالی و ناراحتی که بسیار کلی هستند سعی کنید احساسات دقیق تر و بیشتری پیدا کنید.

دوست داشته شدن	عشق	لذت	امیدواری	احترام
دوست‌داشتنی بودن	آرامش	امنیت	رضایت	ایمان
خودبزرگ‌بینی	تعلق	شرم	غم	افسردگی
قدرشناسی	ناامنی	دل‌تنگی	تنفر	دلهره
دشمنی	حسادت	سردرگمی	بدبختی	امنیت
باارزش بودن	همدردی	بی‌عدالتی	تعجب	کلافگی
حقارت	بی‌میلی	گناه	بی‌انگیزگی	پشیمانی
کم خودبینی	ترس	توجه	تأسف	جرئت
سردرگمی	دشمنی	تمایل	هیجان	وحشت

بخش پنجم: پرورش هوش عاطفی

و در زیر بنویسید در طول یک روز چه احساساتی را شناسایی کردید.

....
....
....
....
....
....
....
....

کدامیک از احساسات جدول صفحه قبل را امروز تجربه کرده ام؟

....
....
....
....

گام سوم، یافتن دلیل، اتفاق، رفتار و یا نگرشی که این احساس را به وجود آورده است.

حال سعی کنید عواملی که احساس های بالا را برای شما بوجود آورده‌اند را شناسایی کنید. مثال:

گام اول، تغییرات فیزیکی: تمام روز دستانم مور مور می‌کنند و احساس خواب رفتگی دارند.

گام دوم، نام گذاری احساس: احساس ترس و نگرانی دارم.

گام سوم، دلیل بوجود آمدن احساس: اکنون که این کتابچه را می نویسم ویروس کرونا بسیار شیوع پیدا کرده است و درجهان تعداد زیادی جانشان را از دست داده اند. گمان کنم که نگرانی‌ام بدلیل آن است.

سوال مناسب در گام سوم: چه زمانی این نگرانی بیشتر می شود:

جواب: زمانی که به اخبار گوش می‌کنم.

حال این تمرین را برای خود انجام دهید:

_____

_____

_____

_____

_____

_____

این راه حل پیدا کردن در بسیاری موارد نمی تواند موضوع را حل کند. فرض کنید که در شرایط کرونایی در دنیا من نمی توانستم تغییری در شرایط ایجاد کنم و یا زمانی که کودکی در شرایط

بخش پنجم: پرورش هوش عاطفی

بحرانی طلاق والدین قرار دارد نمی توانیم شرایط را برطرف کنیم اما درک احساسات و نام گذاری ما به ما کمک می کند که بتوانیم بهترین تصمیمات را بگیریم. این کار مانند مرتب کردن قفسه‌های انباری است که برای مغز ما انجام می شود و کمک می کند که مانند انبار مرتب، زمانی که با عجله به ابزاری نیاز داریم به راحتی آنرا پیدا کنیم.

زمانی که خود هوش عاطفی مان را رشد دهیم و ایی کیو بالایی داشته باشیم آنگاه همه این مراحل را نیز به کودکمان یاد دهیم. همین که در مقابل او گامها را تمرین کنیم او نیز یاد می‌گیرد.

کودک سه ساله این که مادر و پدر او هوش بالایی دارند به راحتی به خانه می‌آید و به پدر و مادر می‌گویید که بدنش گرم است، چون عصبانی است و زیرا معلم مهد کودک پشت دست او ضربه زده است. و مادر و پدر می‌توانند این مشکل را پیگیری کنند. اما کودکی که هوش عاطفی بالایی ندارد چه بسا بجای گفتن این موضوع تنها عصبانیت اش را با خراب کاری و لجبازی در مهد کودک و خانه نشان دهد.

کودکی که هوش عاطفی بالایی دارد می داند که احساسات وجود دارند و آنها را نباید نفی کرد زیرا از پدر و مادر یاد گرفته که احوال خود را بشناسند و احساسات را نامگذاری کنند و دلایلش را بیابند.

گام چهارم، همدلی است:
همدلی همان درک احساس دیگران

پرسیدن سؤالاتی مثل

- علی ناراحت است! چه کارکنیم خوشحال بشود؟
- آیا آن خانم احساس ناراحتی می کند و درد دارد؟ ببین چگونه ناله می کند؟
- به نظرت چرا آن بچه گریه می کند؟
- سارا داره می‌خنده؟ می دونی چرا؟
- تو به نظر عصبانی میایی؟ چرا؟

کیانا ۲

سؤالاتی که شما از کودک خود می‌پرسید را اینجا بنویسید؟

تمرین صفحه بعد یک بازی است، که به ما کمک می‌کند بهتر به حالات خود و زبان بدن خود واقف باشیم:

بخش پنجم: پرورش هوش عاطفی

برای صورت‌های زیر، مانند نمونه چشم ابرو بکشید: راهنمایی می‌کنم می‌توانید از آینه کمک بگیرید:

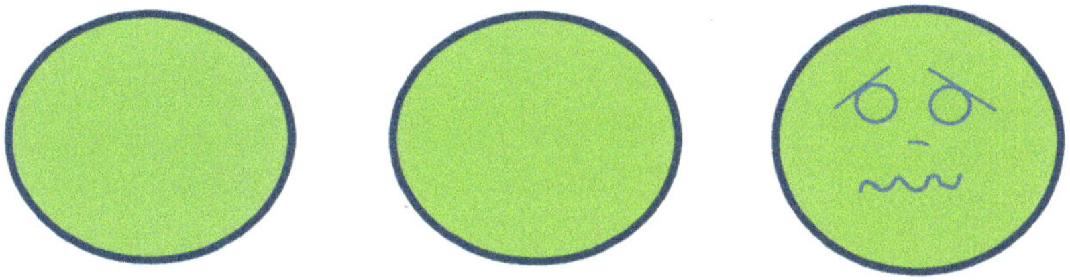

نگران	ناراحت	متعجب

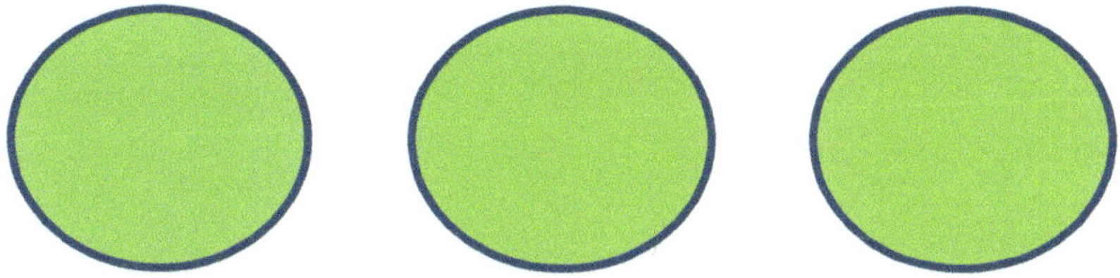

خواب آلود	عصبانی	خوشحال

متفکر	کنجکاو	تنها

تمرین:

جلو آینه بیاستید و جمله زیر را با تمام حالات متفاوتی که در زیر آمده بگویید، بعد از یکبار تمرین، اگر تلفن تان مجهز به دوربین است از خودتان ویدیو بگیرید. هر حالت را در یک فایل یا ویدیو جداگانه ذخیره کنید.

[با اینکه من یک مادر / پدر توانا هستم، اما گاهی نگرانی هایی دارم.]

حالت عصبانیت به همسرتان.

حالت نارضایتی از شرایط و شکایت به مادرتان.

حالت آرام و درد دلانه با دوست صمیمی تان.

حالت عاجزانه و ترسیده که هر لحظه ممکن است اشکتان سرآزیرشود.

حالت راضی و در کنترل کامل شرایط.

حالت مغرورانه و بسیار مطمئن به خود.

سپس بگذارید بیشتر از ۲۴ ساعت بگذرد و صدای تلفن را قطع کنید و ۷ ویدیو به صورت نامنظم نگاه کنید. سعی کنید حالات خود را تشخیص دهید.

بخش پنجم: پرورش هوش عاطفی

گام پنجم یافتن راه‌حل صحیح برای برخورد با مشکلی که این احساس را به وجود آورده است.

آموزش محدود کردن رفتار بعد از به وجود آمدن یک احساس:
تمرینات هوش عاطفی برای کودکان بالا ۳ سال:

- اگر کودکتان کار اشتباهی انجام داد برای آموزش او از جملاتی که با تو شروع می‌شود پرهیز کنید، به این نمونه‌ها دقت کنید و بعد جملات بعدی را تغییر دهید:

جملات اشتباه	جملات صحیح
تو نباید دفتر خواهرت را پاره می‌کردی!	خواهرت بسیار ناراحت شد، وقتی دفترش پاره شد
تو چرا علی را زدی!	ما اصلاً اجازه نداریم کسی را کتک بزنیم
تو باید اسباب‌بازی‌هایت را به سارا بدهی	ما اسباب‌بازی‌هایمان را به دوست‌هایمان هم می‌دهیم.
تو کتاب‌ات را پاره کردی	من ناراحت شدم که
تو غذایت را نخورده‌ای	
تو خیلی ترسویی!	
تو موهای برادرت را کشیدی؟	

تمرینات رشد هوش عاطفی و یا EQ:

۱- **تمرین پانتومیم و یا نمایشک‌های بی‌صدا بهترین بازی برای بالا بردن ایی کیو کودکان و بزرگ‌سالان است.**

۲- **بازی اون یکی چه احساسی داره؟** این بازی را در هر جا می‌توان انجام داد. در مهمانی و یا در خیابان و پارک. هر جا انسانی یا حیوانی کاری می‌کند که به دلیل احساسی خاص است. مثلاً کودکی که گریه می‌کند و یا فردی که خوشحالی می‌کند. می‌توانید از کودک خود بپرسید می‌دانی آن بچه چه‌کار می‌کنه؟ چه احساسی داره؟

۳- **بازی با صورتک‌ها ایموجی موبایل**
می‌توانید صورتک‌ها را به او نشان بدهید و حدس بزنید که چه احساسی دارد.

۴- **بازی احساس در آینه**
می‌توانید با او احساس‌های خوشحالی و شادی ترس و غیره را در آینه تمرین کنید.

۵- **احساس در نقاشی‌ها و عروسک‌ها**
می‌توانید از آن‌ها در مورد احساسات آدم‌ها در نقاشی که می‌کشد و یا کتابی که می‌خواند بپرسیم و یا در مورد احساسات عروسک‌هایش بپرسیم و یا کارهایی که می‌خواهیم به او آموزش دهیم را با عروسک‌ها بازی کنیم.

بخش پنجم: پرورش هوش عاطفی

چگونه می‌توانم برای کودکم، یک رهبر هوش عاطفی باشم؟

ابتدا تست زیر که طراحی آن توسط پرفسور جان گاتمن[1] انجام شده است را انجام دهید:

جان گاتمن تست یا تست تشخیص متد والدگری:

لطفا به سوالها با اولین جوابی که به نظرتان می رسد پاسخ دهید، نتیجه بسیار جالب است.

۱- بچه ها مسائل کمی برای ناراحت شدن دارند.
    درست   غلط

۲- اگر بخواهم در زمان عصبانیت یک درس به فرزندم بدهم این است که: "مشکلی نیست که بخواهی عصبانیت را نشان بدهی"
    درست   غلط

۳- بچه ها معمولاً خودشان را ناراحت نشان میدهند، تا بزرگتر ها به حال آنها دلسوزی کنند.
    درست   غلط

۴- من واقعا برای ناراحتی در زندگی وقت ندارم .
    درست   غلط

۵- خشم بسیار واکنش خطر ناکی است.
    درست   غلط

---

[1] John M. Gottman (American Researcher)

۶- اگر ناراحتی یا عصبانیت بچه ها را نادیده بگیریم. خود به خود به حالت عادی بر می‌گردند.

درست غلط

۷- من بچه های همیشه خوشحال را به بچه های بسیار حساس ترجیه می دهم.

درست غلط

۸- وقتی فرزند من ناراحت و غمگین است بهترین زمان برای حل مشکل است.

درست غلط

۹- من به فرزندم کمک میکنم که از غصه خیلی زود بیرون برود وفکرش به سمت چیزهای مثبت و خوشحال کننده برود.

درست غلط

۱۰- وقتی فرزند من خشمگین است به یک بچه بدقلق تبدیل میشود و غیر قابل تحمل می‌شود.

درست غلط

۱۱- من برای عصبانیت نوجوانم حد و حدود مشخص می‌کنم.

درست غلط

۱۲- خشم یک پدیده عاطفی است و ارزش بررسی دارد و نه دعوای متقابل.

درست غلط

۱۳- ما باید عصبانت خود را بروز دهیم.

درست غلط

بخش پنجم: پرورش هوش عاطفی

۱۴- وقتی فرزندم غمگین است تلاش میکنم به او کمک کنم که پیدا کند دقیقاً چه چیزی او را غمگین کرده است.

درست غلط

۱۵- وقتی فرزندم عصبانی است به او نشان میدهم که عصبانیت ات را درک میکنم.

درست غلط

۱۶- دوران بچگی دوران خوشحالی و خوشبختی است (به قول معروف خوش – خوششان)و این زمان برای غم و عصبانیت نیست.

درست غلط

۱۷- وقتی فرزند من عصبانی است، بهترین زمان برای نزدیک شدن به او و احساساتش است.

درست غلط

۱۸- من میخواهم که فرزندم طعم عصبانیت و غم را بچشد.

درست غلط

۱۹- وقتی فرزند من ناراحت است به او گوشزد میکنم که دارد شخصیتی منفی از خود میسازد.

درست غلط

۲۰- من فکر نمیکنم وقتی ناراحتی می آید بتوان با عملی آن ناراحتی را دور کرد، مگر اینکه زمان بگذردو از فرزندم می‌خواهم استراحت کند.

درست غلط

۲۱- وقتی فرزندم ناراحت است حتما سعی میکنم به او بگویم در هر صورت من دوستت دارم.

درست   غلط

۲۲- زمانی که فرزندم عصبانی است او را اذیت نمیکنم که چیزی یادش بدهم.

درست   غلط

۲۳- وقتی به بچه ها اجازه دهیم عصبانی شوند به آنها این اجازه را میدهیم که همیشه از این راه کار های خود را پیش ببرند.

درست   غلط

۲۴- وقتی فرزند من عصبانی است واقعا نمیدانم که چه نوع کمکی از من میخواهد.

درست   غلط

بخش پنجم: پرورش هوش عاطفی

جوابهای خود را به این جدول انتقال دهید و جلوی شماره سوالات(غ) غلط و (د) درست را مشخص کنید. در آخر هر ردیف تعداد (د) ها بشمارید و بنویسید. می‌توانیدجدول را پرینت کنید.

	CM-P		DA-P		LF-P		EC-P	
	شماره سؤال	غ یا د	شماره سؤال	غ یا د	شماره سؤال	غ یا د	شماره سؤال	غ یا د
	۱		۳		۲		۸	
	۴		۵		۱۳		۱۲	
	۶		۱۰		۲۰		۱۴	
	۷		۱۱		۲۱		۱۵	
	۹		۱۹		۲۲		۱۷	
	۱۶		۲۳		۲۴		۱۸	
نتایج								

هر کدام از ستونها که عدد بالاتری داشت و یا تعداد جوابهای درست بیشتری داشت سبک والد گری ما آن گونه است.

DM-P والدین بی اعتنا: احساسات منفی و یا مثبت فرزنداشان را نادیده میگیرند.

DA-P والدین ناراضی: از احساس فرزندشان ناراضی هستند و دائماً آنها را سرزنش و نصیحت می‌کنند.

LF-P والدین بی عنان: احساس فرزندشان را درک میکنند و با او همدلی می‌کنند، ولی آنها را هدایت نمیکنند.

EC-P والدین راهنمای هوش عاطفی: متوجه احساس فرزند میشوند، موقعیت‌ها را مانند فرصتهایی برای آموزش آنها میبینند، با فرزند همدلی میکنند و به او میفهمانند احساس بد فرزند را می بینند ،به او کمک میکنند تا احساساتش را با مغز منطقی شناسایی و نام گذاری کند، و راه های گوناگون برای حل مساله را بررسی کرده و حد و مرز را تعیین میکنند.

یادداشت ----------------

بخش ششم

بازی - خلاقیت

خاطرات نویسنده:

۴ ساله بودم که پدرم با یک بسته از حیوانات اسباب بازی به خانه آمد. به یاد دارم که ساعت ها با آن حیوانات بازی می‌کردم زمانی که شیر در بازی ام آهو را می خورد گریه می‌کردم و زمانی که زرافه گردن درازم که یکجورایی دوست من هم بود برگ های درخت را می خورد و زمان خوردن برگها گنجشک کوچک در دماغ او نوک می زد و زرافه قلقلک اش می شد ساعت ها می خندیدیم. سناریوی تمام آن داستانها در ذهن من ساخته می شد و با اینکه خود سازنده آن بودم ساعت ها من را به فکر فرو می برد من را می خنداند و می گریاند.

این بازی و لحظه لحظه ی آن را به خاطر دارم، حتی گل های قالی که درختان جنگل من بودند و دکمه های جعبه خیاطی مادرم که جای حیواناتی بودند که نداشتم.

به یاد می آورم که زمان راه رفتن تمام فکرم و انرژی ام را صرف این می‌کردم که پاهایم روی وسط موزایک های حیاط بگذارم و انگار اگر پای من به اشتباه روی درزهای کاشی برود، انفجار صورت می گیرد.

برگ درختان پول های کاغذی ما بودند که با آنها جواهرات خرید و فروش می‌کردیم و جواهراتمان هم تکه های شیشه شکسته شده بود و درب بطری نوشابه و گاهی که یکی از دوستان دانه تسبیح پاره شده ای از خانه می آورد او را بسیار ثروتمند می‌دیدیم.

آیا بازی هایی که در زمان کودکی انجام می دادید یه یاد دارید؟

آنها را بنویسید باور کنید کودک شما به ۱۲ سالگی که رسید برای شنیدن و یا خواندن این داستان ها لحظه شماری می کند.

بخش ششم: بازی - خلاقیت

آیا به نظر شما نیاز است که کودک خلاقی داشته باشیم؟

آیا به نظر شما خلاقیت در زندگی امروز کودک شما چه کاربردی دارد؟

خلاقیت در آینده کودک شما چه تاثیری می‌تواند داشته باشد؟

آیا به یاد دارید که اریک اریکسون درباره خلاقیت در کودکان ۳ تا ۶ ساله چه گفته است او اعتقاد داشت که کودکی که خلاق نباشد چه احساسی خواهد داشت؟

چگونه فرزندی خلاق داشته باشم؟

کابینت به جای اتاق
قابلمه به جای ماشین های اسباب بازی
روی لبه راه رفتن بجای صاف راه رفتن
از سرسره برعکس بالا رفتن
خراب کردن اسباب بازی ها بجای بازی با آنها
پذیرایی بجای اتاق بازی
دیوار بجای دفتر نقاشی
جوراب دو رنگ پوشیدن
استفاده از میز نهارخوری بجای میز پینگ پنگ
ترامپولین بجای تخت

اگر شما هم این مشکلات را با فرزندتان دارید و مرتباً باید بگویید:

"از مبل نپر"

"از سرسره درست بالا برو"

" مثل آدم راه برو"

" مگه خودت اسباب بازی نداری که ظرف های منو بیرون می کشی"

" چرا بجای بازی داری باطری های اسباب بازی را در میاری"

"به دلم موند که مثل آدم بشینی تلوزیون ببینی"

به شما تبریک می گویم شما فرزند بسیار خلاقی دارید و با اینکه هر لحظه در حال سرکوب کردن خلاقیت او هستید او هنوز راهی برای رشد خلاقیت پیدا می کند.

امیدوارم از حرف من ناراحت نشده باشید منظورم سرزنش کردن شما نیست این یک خصوصیت انسانی است. ما انسانها حتی خلاقیت های درون خودمان را سرکوب می‌کنیم. سالهاست که انسانهای خلاقی ماشین برقی را اختراع کردند اما شرکت های نفتی بدلیل سود خود خلاقیت آنها را سرکوب کردند تا اینکه ایلان ماسک موسس کمپانی تسلا توانست اولین ماشین موفق برقی را بدنیا ارائه دهد.

از امروز چه کار کنیم که بجای سرکوب خلاقیت زمانی که ایده ای به ذهن کودک می‌رسد آن خلاقیت را شکوفا کنیم

چند اقدام را بنویسید.

بخش ششم: بازی - خلاقیت

سؤال پرسیدن:

پنج سؤالی که امروز کودکتان از شما پرسیده است را بنویسید:

و شما به آن چه جوابی داده اید. سعی کنید، آنهایی را بنویسید که زمانی که پرسیده خسته بودید و یا از جوابی که به او دادید راضی نبودید.

سؤال اول کودک:

کیانا ۲

جواب شما:

سؤال دوم کودک:

بخش ششم: بازی - خلاقیت

جواب شما:

سؤال سوم کودک:

جواب شما

سؤال چهارم کودک:

کیانا ۲

جواب شما

_____
_____
_____
_____

سؤال پنجم کودک:

_____
_____

جواب شما

_____
_____
_____
_____

تمرینات برای پاسخ گویی به سؤالات کودکان
با یک مثال به بررسی شیوه پاسخگویی می پردازیم.
مثال کودکی می پرسد: چرا برگ درختان سبز است؟

۱- ابتدا به سؤالی که پرسیده می شود با این ذهنیت که "همه سؤالات درست هستند" نظر بدهید می‌توانیداز این کلمات استفاده کنید: "چه سؤال جالبی/ خوبی/ مناسبی/ عجیبی/ پرسیدی."
مثال: عجب سؤال جالبی، تا حالا به فکر خودم نرسیده بود.

۲- هر سؤالی دلیلی دارد که پرسیده می شود.
مثال: چرا این سؤال را پرسیدی ؟

۳- ابتدا ببینید خودش نظرش نسبت به جواب سؤالش چیست؟
به نظر تو چرا برگ درختان سبزه؟

۴- سؤالی دیگر بپرسید که او را به رسیدن به جواب کمک کند
مثال: به نظر تو اگر سبز نبودند چه رنگی بودند بهتر بود.

۵- صادقانه جوابی که می دانید را به او بگویید و حتماً بگویید "به نظر من." زیرا او باید بداند که جوابی که از شما می شنود ممکن است درست نباشد.
مثال: واقعیت این است که نمی دانم چرا برگ درختان سبز است اما می دانم که رنگ سبز آرامش بخش است.

۶- اگر او قانع نشد به او قول بدهید که با کمک خودش جواب سؤال را پیدا می‌کنید
مثال : اما اگر دوست داری بیشتر بدانی من و تو آخر هفته با هم به کتابخانه می رویم و کتابهایی در مورد برگ درختان پیدا می کنیم و من برای تو می خوانم

این کار به کودک کمک می کند که سؤالات سنجیده تری بپرسد و از ابزار سؤال کردن برای کلافه کردن شما جهت گرفتن توجه منفی استفاده نکند و در ضمن کمک می کند که با بهره گرفتن از خلاقیت ذهنی اش او را به تفکر بیشتر وا دارد زیرا شما به سرعت جواب را در دامان او نیانداختید.

بازی و شرایط بازی:

بازی با کودکان دیگر:

در هفته چند ساعت او را در محیطی قرار می دهید که با کودکان دیگر بازی کند؟

آیا اگر مهد کودک نمی رود او دست کم هفته ای ۴ بار و هر بار ۴۵ دقیقه تا یک ساعت با کودکان دیگر در ارتباط است؟

اگر به مهد کودک می رود آیا در شرایط دیگر اقلاً هفته ای یکبار با کودکان دیگری غیر از کودکان در مهد کودک در ارتباط است؟

ارتباط کودک شما با کودکان دیگر در بازی ها چگونه است ؟

بخش ششم: بازی - خلاقیت

بازی با پدر و مادر

در هفته چه بازی هایی با او انجام می دهید؟

آیا در روز کودک می شوید و با او بازی های هیجان انگیز انجام می‌دهید؟

مسابقه دو یا کشتی و یا بازی هایی مثل مامان بازی انجام می‌دهید؟

آیا بالش به هم پرت می کنید؟

آیا زمانی که با کودک خود بازی می کنید مانند یک کودک بازی می کنید؟

لطفاً مانند یک کودک بازی کردن را با صدای بچه گانه در آوردن اشتباه نگیرید

صدایی مانند بچه ها در آوردن اصلاً روش خوبی نیست اما کودکانه و آزادنه و فارغ از قید و بند بازی کردن یعنی سفر به سیاره فرزند.

نام پنج بازی که با فرزند خود در هفته گذشته انجام داده اید را بنویسید:

کتاب خواندن و حرف زدن جز بازی ها نیست.

بازی‌هایی که کودکان به‌تنهایی انجام می‌دهند.

کودک ۳ ساله توانایی این را دارد که ۳۰ دقیقه به تنهایی بازی کند

کودک ۴ ساله ۴۵ دقیقه و کودک ۵ تا ۶ ساله حتی می تواند ۲ تا ۳ ساعت به تنهایی با اسباب بازی هایش بازی کند.

آیا کودک شما این کار را می‌تواند به تنهایی بازی کند؟ نام بازی هایی که به تنهایی انجام می‌دهد را بنویسید؟ تلویزیون و بازی های کامپیوتر جز این دسته از بازیها نیست.

لگو های خانه سازی بهترین دوست های کودکان در این سنین هستند.

غیر آکادمیک

آیا کودک شما توانایی خواندن دارد؟

آیا او را به کلاس نقاشی می‌فرستید؟

آیا او را به کلاس زبان می‌فرستید؟

آیا او را به کلاس موسیقی می‌فرستید؟

آیا او را به کلاسهای آموزشی می‌فرستید؟

آیا در مهد کودک او کلاس های آموزشی است؟

جواب شما به هر کدام از سؤالات بالا اگر آری باشد لطفاً بخش ششم را دوباره مطالعه کنید. کودک تا ۵ سالگی نیازی به آموزش موسیقی، زبان، نقاشی و غیره ندارد او باید بازی آزاد و نقاشی آزاد کند. او برای کلاسهای آموزشی از ۵ سالگی تا آخر عمرش فرصت دارد. شعر خواندن نیز مانند بازی است اگر اجباری به حفظ و آموزش نباشد، و کودک خودش شعر ها را با تکرار والدین بیاموزد، بسیار عالی است.

کیانا ۲

سفر به سیاره فرزند:

آیا در روز به سیاره فرزند خود سفر می کنید؟

آیا فارغ از موبایل و گرفتاری های دیگر با کودک خود تفریح می کنید؟

از خاطرات بازی های و سفر های خود به سیاره فرزندتان بنویسید:

بخش ششم: بازی - خلاقیت

کیانا ۲

بخش ششم: بازی - خلاقیت

ادا بازی[1]:

ادا بازی و نمایشک بهترین ابزار برای آموزش ارزش ها و آداب به کودکان است.

ارزش هایی مانند درک حقوق دیگران، احترام به دیگران، نه گفتن، دوست داشتن خود، ارزش به پول و منابع، تشکر از والدین، دوستی و .....

هر زمان خواستید ارزشی را به کودکتان بیاموزید از نمایشک و یا ادا بازی استفاده کنید.

مادر، پدر و یا مادر بزرگ و خود کودک در نقش های متفاوت باشند و یک سناریو را بر اساس آن ارزش بازی کنید و قهرمان کسی است که آن ارزش را انجام می‌دهد.

یکی از ارزش هایی که می خواهید کودکتان یاد بگیرد را بگویید و یک سناریو بنویسید و آنرا بازی کنید. فرض کنید می خواهید به کودک خود بیاموزید به دیگران زمان ورود به جایی سلام بگویید.

شما نقش کودک را بازی کنید و همسرتان نقش شما و کودکتان نقش پدر بزرگ آنگاه این نمایشک را بازی کنید که انگار شما و همسرتان به خانه پدر بزرگ بروید و سلام کنید و اتفاق های خوب می افتد و این بازی ها را بچه ها بسیار دوست دارند و در مهمانی می توانیم به آنها یادآوری کنیم که مانند نمایشکی که در خانه بازی کردیم.....

---

۱ Role play

اسباب‌بازی

در حال حاضر اسباب بازی های کودکتان چیست؟ نام هر کدام را بنویسید کمی در مورد رنگ و کاربردش شرح دهید و بگویید فکر می‌کنید این اسباب بازی از کدام دسته است. همچنین بگویید از ۱ تا ۱۰ کودکتان کدام را بیشتر دوست دارد و بعد بنویسید در هفته با هر کدام چه مدت بازی می کند؟

دسته اسباب بازی: (یک اسباب بازی می تواند در چند دسته قرار بگیرد)

- **کمک به رشد مهارت های فکری**
- **کمک به رشدمهارت های دستی**
- **کمک به رشد خلاقیت**
- **کمک به فعالیبت های فیزیکی**
- **کمک به ارزش سازی مانند صبر و یا احساسات در کودک مانند عاطفه**
- **دیگر و یا بدون کمک به رشد خاصی**

نام اسباب بازی ۱ :

شرح:

کیانا ۲

علاقه کودک به اسباب بازی : ۱   ۲   ۳   ۴   ۵   ۶   ۷   ۸   ۹   ۱۰

زمان بازی در هفته:

دسته اسباب بازی

نام اسباب بازی ۲:

شرح:

دسته اسباب بازی

بخش ششم: بازی - خلاقیت

علاقه کودک به اسباب بازی ۱: ۲   ۳   ۴   ۵   ۶   ۷   ۸   ۹   ۱۰

زمان بازی در هفته:

نام اسباب بازی ۳:

شرح:

دسته اسباب بازی

علاقه کودک به اسباب بازی ۱: ۲   ۳   ۴   ۵   ۶   ۷   ۸   ۹   ۱۰

زمان بازی در هفته:

کیانا ۲

نام اسباب بازی ۴:

شرح:

دسته اسباب بازی

علاقه کودک به اسباب بازی : ۱   ۲   ۳   ۴   ۵   ۶   ۷   ۸   ۹   ۱۰

زمان بازی در هفته:

نام اسباب بازی ۵:

شرح:

بخش ششم: بازی - خلاقیت

دسته اسباب بازی

علاقه کودک به اسباب بازی : ۱   ۲   ۳   ۴   ۵   ۶   ۷   ۸   ۹   ۱۰

زمان بازی در هفته:

نام اسباب بازی ۶:

شرح:

دسته اسباب بازی

کیانا ۲

علاقه کودک به اسباب بازی : ۱   ۲   ۳   ۴   ۵   ۶   ۷   ۸   ۹   ۱۰

زمان بازی در هفته:

این قسمت به شما در زمان خرید اسباب بازی کمک خواهد کرد.

بخش هفتم: زبان گفتاری و داستان

فرزندراه

بخش هفتم

زبان گفتاری و داستان

چه کنیم که کودکمان به کتاب علاقه‌مند شود:

همه ما می خواهیم که فرزندانمان عاشق کتاب خواندن باشند. ما خیلی بیشتر دوست داریم فرزندانمان به جای یک بازی رایانه ای، یا موبایل کتاب خوبی را باز کنند و بخوانند. کتابها می‌توانند خیلی بیشتر به کودک ما آموزش دهند و برای مغزهای کوچک شان سالمتراند.

کدامیک از گزینه های زیر در خانه انجام می‌شود و در مورد خانواده شما صدق می‌کند:

آیا در خانه خود کتابخانه دارید؟

بله ______ خیر ______

آیا در اتاق کودک خود کتابخانه مخصوص خودش دارد؟

بله ______ خیر ______

آیا کودکتان را در هفته به محیط های فرهنگی مانند کتابخانه ها، و کتاب فروشی ها می‌برید؟

بله ______ خیر ______

آیا هر روز کتاب می‌خوانید؟

بله ______ خیر ______

آیا هفته ای یکبار کتاب می‌خوانید؟

بله ______ خیر ______

آیا هر شب برای کودک خود کتاب می‌خوانید؟

بله ______ خیر ______

آیا هر هفته برای او کتاب می‌خرید ؟

بله ______ خیر ______

آیا عادت دارید در مورد کتابی که در خوانده اید و درسی که از کتاب یاد گرفته اید و به کار و زندگی تان آمده است در خانه صحبت کنید؟

بله ______ خیر ______

آیا برای دوستانتان کتاب هدیه می‌خرید؟

بله ______ خیر ______

آیا کتاب خواندن را دوست دارید؟

بله ______ خیر ______

آیا به کودکتان برای خواندن کتاب فشار نمی‌آورید و او را آزاد می‌گذارید؟

بله _____   خیر _____

اگر جواب تعداد زیادی از سؤالات شما خیر است پس بهتر است که تغییری در رویه خود بدهید. اما اگر جواب سؤالات شما بله می‌باشد به سؤالات زیر نیز پاسخ دهید.

آخرین کتابی که برای کودک خود خواندید کی بود؟

_____

_____

آن کتاب در رابطه با چه بود و چه درسی از آن گرفتید؟

_____

_____

آخرین کتابی که خودتان خواندید چه بود؟

_____

_____

سه نکته‌ای که از آخرین کتابی که خواندید و به یاد دارید چیست؟

_____

_____

بخش هفتم: زبان گفتاری و داستان

آخرین کتابی که در مورد رشد شخصیت و رشد فردی خواندید چه بود؟

آیا می‌توانید نام سه نویسنده ایرانی را نام ببرید که کتابهایش را خواندید نام سه کتاب آخری که خوانده اید را بنویسید؟

چگونه داستان و کتابی را بخوانیم که کودکمان بیشتر لذت ببرد، بیشتر به آن علاقه‌مند شود و بهتر آن را درک کند.

برای خواندن داستان ها برای کودکتان خودتان را به جای شخصیت داستان بگذارید و زمان خواندن با تکیه به هوش عاطفی، احساسات را به داستان خود بیاورید. با زبان بدن، صورت و لحن صدای خود به شخصیت داستان جان بدهید.

کیانا ۲

در این فصل چه یاد گرفتید؟

تصمیمات شما چیست؟

بخش هفتم: زبان گفتاری و داستان

KANDOO studio
SHADMANI
0917 701 9910

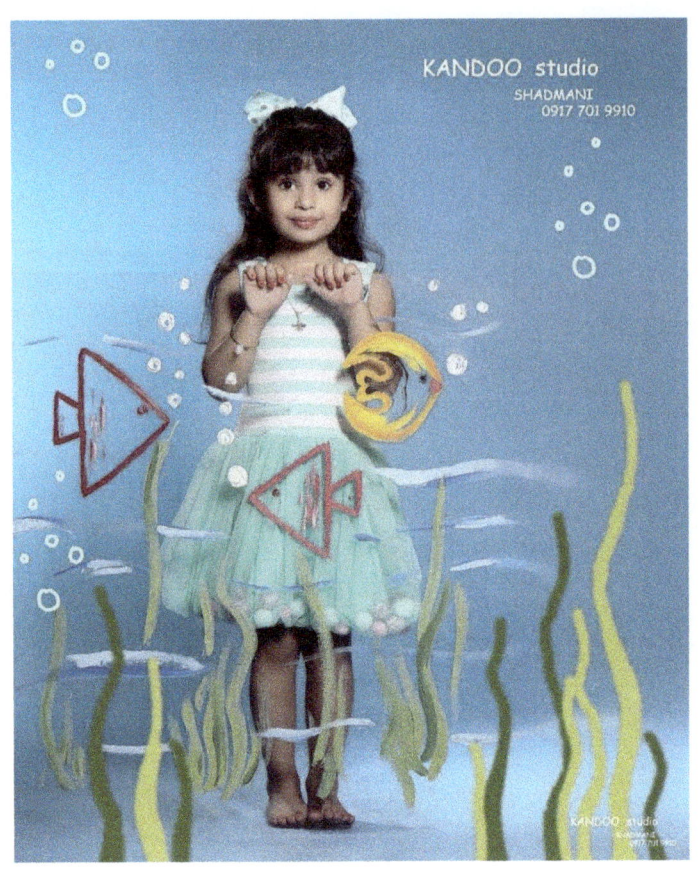

بخش هشتم

توجه زیاد - توقع زیاد

تئوری توجه- توقع:

توجه مناسب چیست؟

- بچه‌ها بهتر رفتار می‌کنند وقتی احساس بهتری دارند:

کودک ما که اکنون می‌تواند خود را بشناسد، برعهده ماست که به او یاد بدهیم احساساتش را نیز خوب بشناسد، پس با او به **احترام، عشق** و **دلگرمی** رفتار کنیم تا او نیز به انجام رفتارهای خوب ترغیب می‌شوند.

بیاییم با هم یک روز را در نظر بگیریم و با ذهن آگاهی، روابط بین خود و فرزندمان را بررسی کنیم. چه زمانی به او احساس خوب می‌دهیم؟

چه زمان‌هایی احساس بد به او می‌دهیم؟

چند مثال‌های روزمره را بنویسید:

_____

_____

_____

فرق بین نیازها و خواسته‌ها

تفاوت نیازها و خواسته‌ها

بین نیاز کودک و خواسته او تفاوت عمده‌ای وجود دارد. نیازهای کودک با آنچه ما حس می‌کنیم معمولاً هماهنگ است و ما آن را برآورده می‌کنیم، اما اگر با درخواست‌های آن‌ها مانند نیازهایشان رفتار کنیم و همه آن‌ها را نیز جامع عمل بپوشانیم آنگاه است که هم ما و هم فرزندمان دچار مشکل خواهیم شد.

- نیازهای کودک من در یک روز چیست؟

بخش هشتم: توجه زیاد - توقع زیاد

- خواسته‌های معمول کودک من در یک روز چیست؟

کیانا ۲

تحسین یا تشویق:

توقع مناسب چیست؟ در کتاب وقتی شیرین زبون شدی نکات زیر را پیرامون توقع مناسب آموختیم.

۱- بگو چی می‌خوای!
۲- توقع باید مشخص باشد!
۳- در بازی تکرار گیر نکنیم.
۴- توقع باید پله پله باشد.

انگیزه سازی:

- آیا می‌خواهید فرزندان سازگار، ساکت، آرام و مطیعی داشته باشید؟

بله _____   خیر _____

- به آدم‌های خودساخته، با عزت‌نفس و موفق اطراف خود نگاه کنید؟ آیا در کودکی آرام مطیع و سازگار و ساکت بوده‌اند؟

بله _____   خیر _____

احساس استقلال:

احساس استقلال را می‌توان با دادن آزادی‌هایی در خانه که خطری برای جان کودک ندارد در او ساخت.

- با یک مثال بنویسید که چه تصمیمی گرفته‌اید، که فرزندتان احساس استقلال کند؟

- موقعیت‌های که به فرزندم ممکن است احساس شک و تردید انتقال بدهم چیست؟

مثال زمانی که برای یک کار مشخص او را دعوا می‌کنم و اما یک روز دیگر برای همان کار او را دعوا نمی‌کنم.

- چه موقعیت‌های فرزندم ممکن است احساس شرم کند؟

مثال: زمانی که در مقابل آشنایان به دلیل اینکه کامل نمی‌تواند حرف بزند، به‌جای او حرف زدم یا جمله‌اش را کامل کردم.

- کدام از رفتارهای من ممکن است باعث ایجاد حس توانایی در کودک من می‌شود؟

مثال: زمانی که کودکم می‌خواست کفش اش را خودش بپوشد و من با اینکه عجله داشتم، اجازه دادم او با آرامش خودش کفش اش را بپوشد می‌پوشید.

تفاوت تشویق و تحسین:

ستایش و تحسین برای ساختن شخصیت یک کودک نه‌تنها خوب نیست، بلکه مانند سم می‌ماند و درنهایت یک انسان **خودبین و قضاوت کننده** می‌سازد.

- برای اینکه فرزندم اعتمادبه‌نفس کاذب نگیرد تمرین زیر کمک خواهد کرد:

جملات زیر را بازنویسی کنید و از جملات جدید استفاده کنید؟ (در کتاب "وقتی به دنیا اومدی" توضیحات کامل داده‌شده است)

بخش هشتم: توجه زیاد – توقع زیاد

- آفرین تو چه بچه خوبی هستی!
___

- تو چه پسر باهوشی!
___

- شما چه دختر خوشگلی هستی!
___

- کدام از جملات زیر تحسین و کدام تشویق است.

_____ من ، شمارا که این این‌قدر خوبی، به پارک می‌برم!

_____ به نظر می‌رسد که کاردستی درست کردن را دوست داری، چون خیلی وقت گذاشتی!

_____ حال که تمام غذایت را خورده‌ای چه احساسی داری؟

_____ وای چقدر لباس‌ات قشنگ است.

_____ این عروسک را خودت انتخاب کرده‌ای؟

_____ آفرین به تو پسر باهوشم که توانستی این پازل را حل کنی!

_____ تو خیلی پیشرفت کرده‌ای.

_____ ممنون که به من کمک می‌کنی.

_____ من به تو افتخار می‌کنم.

اگر تا اینجای این کتابچه را پرکرده‌اید باید به شما تبریک بگویم، همین‌الان برای خود یک چای به‌عنوان خسته نباشید درست کنید، بدانید که تعداد کمی از مادران و پدران هستند که نسبت به آینده فرزندشان تا این حد متعهد هستند. همه پدران و مادران خوب هستند اما گروهی از آن‌ها تا اندازه‌ای برای آینده فرزندشان اهمیت قائل هستند، که حاضر می‌شوند در خود نیز تغییرات خوب ایجاد کنند. تغییر بسیار سخت است اما تغییر به سمت مثبت باعث کمال است و به نظر من فلسفه هستی از داشتن و پروراندن فرزند، درک این موضوع مهم و رسیدن به کمال انسانی است.

بخش هشتم: توجه زیاد - توقع زیاد

قدرت بهبودپذیری:

احساس ارزشمندی به کودکان شجاعت این را می‌دهد که ریسک کنند و هرروز یک تجربه جدید را انجام دهند از بالا رفتن از پله‌ها بدون کمک گرفته تا پیدا کردن دوست در پارک.

سه داستان پیدا کنید که در آن پیروزی‌های بعد از شکست با تلاش حاصل‌شده است، این داستان‌ها باید قابل‌فهم برای بچه‌های ۲ تا ۳ سال باشد خلاصه داستان‌ها را اینجا بنویسید. زمانی که کودکتان به سن ۲ تا ۳ سالگی رسید از آن‌ها استفاده کنید!

داستان اول:

_____
_____
_____
_____
_____
_____

داستان دوم:

_____
_____
_____

کیانا ۲

داستان سوم:

- در روز چند بار به کمک فرزندانمان می‌آییم؟ چند مرتبه، اگر تنها کمی صبر می‌کردیم کودکمان از پس آن کار برمی‌آمد؟

-نکته: زمان‌هایی که خطری فرزندمان را تهدید نمی‌کند، اجازه دهیم خودش تلاش اش را بکند.

الف- زمانی که کودکمان در انجام کاری مانند پوشیدن جوراب و یا ریختن شیر در لیوان به شکست برمی‌خورد، با کدام حالت از ما تقاضای کمک می‌کند؟

☐ بلافاصله با اولین تلاش ناموفق.

☐ بعد از دو بار تلاش.

☐ بعد از چند بار تلاش.

بخش هشتم: توجه زیاد – توقع زیاد

☐ زمانی که عصبانی می‌شود.

☐ اصلاً تقاضای کمک نمی‌کند، حتی اگر از انجام آن ناامید شود.

توضیحات: در ذات انسان است که توانمندی خود را، به خود و اطرافیانش ثابت کند، اگر کودک ما برای بعضی امورشان با اولین تلاش ناموفق به سمت ما، برای کمک گرفتن، می‌آیند و انتظار دارند ما آن را برایشان و یا بجایشان انجام دهیم باید هوشیار باشیم که بیش از اندازه از او حمایت کرده‌ایم و اگر اصلاً تقاضای کمک نکنند و از انجام آن کار صرف‌نظر کنند بدین معنی است که زیاده از حد او را به حال خود رها کرده‌ایم. بهترین حالت این است که بعد از چندین بار تلاش به سراغ ما بیایند و عصبانیت آن‌ها نیز نشانه بدی نیست بلکه نشانه انگیزه دار بودن آن‌هاست. آن زمان ما راه انجامش را به آن‌ها نشان خواهیم داد.

ب- زمانی که کودکمان در انجام کاری مانند پوشیدن جوراب و یا ریختن شیر در لیوان به شکست برمی‌خورد، با کدام حالت شما به او پیشنهاد کمک می‌دهید؟

☐ بلافاصله با اولین تلاش ناموفق

☐ بعد از دو بار تلاش

☐ بعد از چند بار تلاش

☐ زمانی که عصبانی می‌شود.

☐ زمانی که درخواست می‌کند.

☐ حتی زمانی که درخواست می‌کند کار را برایش انجام نمی‌دهم و فقط به او آموزش می‌دهم که خودش انجام دهد به او تنها دلگرمی می‌دهم.

۱۹۷

سؤال الف و ب باهم مرتبط است اگر سؤال الف را گزینه اول، دوم انتخاب کرده‌ایم در بیشتر مواقع سؤال ب را نیز یکی از سه گزینه اول را انتخاب می‌کنیم. چون کودکانی که بلافاصله از طرف مادر و پدرانشان پیشنهاد نجات را می‌گیرند به اینکه خودشان از پس کارها برنمی‌آیند عادت می‌کنند؛

فرزند خود بیشتر اعتماد کنید و کمتر از مهلکه‌ها نجاتش دهید.

زمان اشتباه کودک، هر پدر و مادری ناراحت می‌شود و واکنش‌های متفاوتی نشان می‌دهد.

- در کودکی اگر ظرفی را تصادفاً می‌شکستیم چه واکنشی به ما نشان می‌دادند؟

_____
_____

- اگر فرزند کوچک شما تصادفاً اشتباهی انجام بدهد، به او چه واکنشی نشان می‌دهید؟

_____
_____

- عشق بدون شرط را تعریف کنید؟

_____
_____

بخش هشتم: توجه زیاد – توقع زیاد

- در کودکی آیا در مدرسه و خانه به شما بچه بد یا شیطان و یا بچه بی‌ادب نسبت داده‌اند؟

_____

_____

انگار بار اول است می‌بینیم و می‌شنویم (تعمیم ندادن):

- آیا وقتی فرزندتان کار اشتباهی می‌کند به او چه می‌گوییم؟

☐ تو بچه بدی شده‌ای!

☐ این کار تو اشتباه بود!

- آیا فرزند شما از شما این سؤالات را از شما می‌پرسد؟

دوست‌ام داری؟

هنوز دوستم داری؟

من بچه بدی شدم؟

من بچه خوبی هستم؟

بله _____ خیر _____

اگر جواب شما به این سؤال بله است باید به شما بگویم که عشقتان مشروط است و نادانسته این احساس را به کودک داده‌اید که درصورتی‌که کار خوبی انجام دهد دوست‌اش دارید. برای تصحیح این احساس چه کنیم:

این جملات را جایگزین کنید.

جملات مخرب	جملات سازنده
- بچه بدی شده‌ای.	- این کار تو کار خوبی نبود
- دوست ات ندارم.	- این کار تو را دوست ندارم.
- بچه خوبی هستی	- این کار تو بسیار خوب است.
- این کار خوب را که می‌کنی بیشتر دوست ات دارم	- من همیشه تو را دوست دارم.

- در کودکی چه کسی شمارا باور داشت؟

- چگونه این احساس را به شما داده بود؟ چه می‌کرد و یا چه می‌گفت که شما فکر می‌کنید شما را باور داشت؟

- وقتی با فرزندتان بازی می‌کنید چالش‌هایی که توانایی انجامش را دارد به او بدهید چند نمونه از این چالش‌ها را اینجا نام ببرید؟

بخش هشتم: توجه زیاد – توقع زیاد

من توقع دارم فرزندم مسئولیت‌پذیر باشد.

قوانین خانه و نه قوانین شما:

- قوانین خانه را در ارتباط با کودکتان بنویسید: می‌توانید هر زمان به این صفحه مراجعه کنید و قوانینی را اضافه کنید و یا بسته به سن اش تغییر دهید:

نکته: این قوانین بهتر است از زبان شما نباشد، یعنی این‌گونه نباشد " من اجازه نمی‌دهم ...." بلکه بهتر است در عوض از زبان قانون باشد "فرزندم اجازه ندارد از ...."

چند مثال:

۱- زمان رانندگی فرزندم را در آغوش نمی‌گیرم فقط روی صندلی کودک می‌نشیند.

۲- تلویزیون زمانی که کودک در پذیرایی است، خاموش است.

۳- دو عدد شکلات در روز بیشتر، کودکم نمی‌تواند بخورد آن‌هم فقط تا ساعت ۵ عصر

کیانا ۲

قانون طلایی من و مسئولیت‌های من:

کوله پشتی مسؤلیتها در خانه شما به دوش چه کسی از همه بیشتر است؟

کدامیک از مسؤلیتهای کودک شما بیشتر از همه بر دوش شماست؟

آیا هنوز غذا را با قاشق دهان کودکتان می کنید و او به زور شما غذا می خورد؟

بخش هشتم: توجه زیاد - توقع زیاد

آیا هنوز برای خوابیدن به شما وابسته است؟

_____

آیا برای حمام کردن باید اصرار بورزید؟

_____

برای کدام کار از کارهای روزمره بیشتر از همه کلمات بکن و نکن را تکرار می‌کنید؟

_____

_____

بخش نهم

نگرانی‌ها و مشکلات والدین و راهکارها

بدخوابی:

- آیا خودش می‌خوابد یا شما او را می‌خوابانید؟

_____

_____

- چه مشکلاتی با خواب او دارید؟

_____

_____

بدخوراکی:

خوردن و کودک شما:

- چه مشکلاتی داشتید؟
_____
_____

- چه غذایی را از همه بیشتر دوست داشت؟
_____

- آیا غذای خاصی بود که به آن لب نزند؟
_____

- آیا فرزندتان به غذایی حساسیت داشت؟
_____

بخش نهم : نگرانی ها و مشکلات والدین و راهکارها

ترس از هیولا، زامبی و تاریکی

راهکار اول

هیولا را با هم نقاشی کنید:

زمانی که از هیولای خیالی اش می ترسد از او بخواهید در مورد آن برایتان تعریف کند و بعد سعی کنید با کمک کودکتان او را نقاشی کنید و زمانی که کودکتان هیولا را نقاشی کند، مغز او باور می کند که او واقعی نیست.

راهکار دوم

هیولا را مسخره کنید:

زمانی که کودکتان در مورد هیولای خیالی حرف زد با خلاقیت خود او را به هیولای مسخره و خنده داری تبدیل کنید مثلاً عینک قرمز به چشمانش بزنید و یا برایش شاخ خنده دار فنری بکشید و به کودکتان بگویید هر زمان در خیالات خودش آن هیولا را دید آن عینک یا شاخ را تصور کند.

راهکار سوم

کودکتان را سوپر من کنید

زمانی که کودکتان یک سوپر من یا سوپر وومن باشد می‌تواند هر هیولایی را از پا در بیاورد و تمام هیولاها و زامبی ها از او واهمه دارند

تیک عصبی (لکنت زبان، خوردن ناخن)

بهترین راه برای مدیریت یک تیک عصبی، نادیده گرفتن آن است دیده شده که پدر و مادر در این زمانها نسبت به خود کودک بیشتر ناراحت هستند. "هنگامی که شما به نکته ای بیش از حد توجه می کنید، می توانید اضطراب کودک را تشدید کنید و اضطراب می تواند باعث بدتر شدن وضعیت او بشود."

در مورد تیک های عصبی که کودکتان داشته است یا دارد توضیح دهید؟

_____

_____

چه مدت این تیک های عصبی طول کشید؟

_____

_____

چه شد که دیگر این کار را کنار گذاشت؟

_____

_____

آیا خودتان هم در کودکی تیک عصبی و یا عادتی که والدینتان را شاکی کند داشتید؟

_____

_____

بخش نهم : نگرانی ها و مشکلات والدین و راهکارها

_____
_____

بهترین کار تمرینات تنفسی است که به کاهش اضطراب یا استرس کمک کند.

با او ساعاتی را یوگا کنید و یا تمرین تنفس کنید.

بیشتر تیک های عصبی به دلیل اضطراب است و یا به صورت عادت بعد از یک دوره اضطراب در کودک مانده است. والدین باید از تأثیر احساسی که ممکن است بر عزت نفس کودک داشته باشد آگاه باشند. مهم است که مطمئن شوید کودک را از طریق احساسی حمایت می کنید.

نق زدن و بدعنقی

کودکان معمولاً در این سنین بدعنق نیستند اما به شادی سالهای قبل از سه سالگی هم نیستند اگر به اندازه کافی زمان خوشرویی تصمیماتشان محترم شمرده شود اما زمان نق زدن به آنها کمی بی تفاوتی شود این عادت را ترک می‌کنند.

آیا کودک شما به نظر شما بد عنق و شاکی است؟

دلیل اصلی این رفتار او چیست؟

بخش نهم : نگرانی ها و مشکلات والدین و راهکارها

مشکل همیشگی " حوصله‌ام سر رفته است.

کودکان نیاز به بازی دارند اگر مدام حوصله شان سر می رود، مطمئن باشید که نیاز دارند خلاقیتشان شکوفا شود اما ابزارش را ندارند یا برایشان اسباب بازی های سازنده بخرید و یا آنها را در کارهایی مانند آشپزی و باغبانی در خانه سهیم کنید اما اجازه دهید خلاقیتشان را شکوفا کنند حتی اگر خرابکاری کنند.

در مورد خرابکاری های کودک خود بنویسید؟ این خراب کاری ها می تواند در آینده برای او و شما جالب باشد اما ممکن است آن را فراموش کنید؟

مانند خرابکاری پسر من در دفتر کارم (همان داستانی که در کتاب وقتی شیرین زبون شدی در ابتدای کتاب آمده بود)

کیانا ۲

بخش نهم : نگرانی ها و مشکلات والدین و راهکارها

دروغ گویی

در چه مواردی کودک شما به شما دروغ می گویید؟

_____
_____
_____
_____

آیا به دلیل سختگیری و واکنش های شما به کارهایش نیست؟

_____
_____

آیا به دلیل یاد گیری دروغگویی از کسی در خانه نیست؟

_____
_____

آیا در مقابل کودکتان دورغ سفید و یا مصلحتی گفته اید؟

_____
_____

سختی در دوست‌یابی و شریک نکردن دوستان در بازی و اسباب‌بازی

- برای اینکه مهارت‌های اجتماعی فرزندم را افزایش دهم چه اقداماتی انجام داده‌ام:

هر روز او را به مکان‌هایی که بچه‌های دیگر هستند، می‌برم.

با آدم‌هایی که بچه هم سن فرزندم دارند معاشرت می‌کنم.

برایش قصه‌هایی در این زمینه‌های همدردی و دوستی می‌گویم.

در خانه تمرین‌های تقسیم کردن اسباب‌بازی و سهیم شدن در اسباب‌بازی می‌کنیم.

بخش نهم : نگرانی ها و مشکلات والدین و راهکارها

بجای دعوا کردنش زمانی که ارتباط خوبی با بقیه نمی‌گیرد، به او آموزش می‌دهیم.

در خانه چیزهایی که دوست دارد را با افراد خانواده قسمت می‌کنیم. مهربانی و فداکاری غیرعاقلانه نمی‌کنیم که سهم خود را به او دهیم.

در مورد احساسات و نیازهای دیگران با او صحبت می‌کنیم تا از زبان بدن آن‌ها متوجه شود که احساسشان چیست و همدردی را به او یاد می‌دهیم.

نکته ۱: مادر و پدرانی که تک‌فرزند دارند باید بدانند که فرزندشان دیرتر و مشکل‌تر همدردی را می‌آموزد و باید وقت و انرژی بیشتری بگذارند.

فحاشی و تکرار کلمات زشت:

کلمات زشتی که کودکتان به کار برده تا کنون بنویسید:

_____

_____

_____

_____

بخش نهم : نگرانی ها و مشکلات والدین و راهکارها

مخالفت و جنگ با والدین

آیا شما در کودکی گاهی دعا کردید که یک روز دنیا و قوانینش آن گونه شوند که شما می خواهید و نه آنگونه که پدر و مادر می گویند؟

_____

در مورد آرزوهای کودکی و تغییراتی که آرزو داشتید بدهید بگویید:

_____
_____
_____
_____

وابستگی به تلویزیون، تبلت و یا تلفن والدین

زمانی که در کنار خانواده هستید، آیا گوشی موبایلتان در اتاق دیگری است و یا در کنار دستتان؟

_____

_____

در روز زمانی که کنار کودکتان هستید چقدر تلویزیون روشن است و چقدر با گوشی تلفن خود مشغولید؟

_____

_____

بخش نهم : نگرانی ها و مشکلات والدین و راهکارها

زیاد حرف زدن و سؤالات زیاد کودک

سؤالات جالبی و عجیبی که تا کنون از شما پرسیده است چیست؟

بخش دهم

سخن آخر

باهم بزرگ شویم:

با تبریک به والدینی که برای تشویق فرزندانشان به یک رفتار خوب و پسندیده، ابتدا خودشان آن رفتار را انجام می‌دهند و در مسیر بزرگ شدن فرزندشان آن‌ها نیز رشد می‌کنند. من اطمینان دارم شما یکی از این والدین هستید.

- آیا شما در راه پرورش کودکتان در شخصیت خود بهبود و پیشرفتی دیده‌اید؟

بله _____ خیر _____

- فکر می‌کنید در چه زمینه‌هایی تغییراتی در شما به وجود آمده است؟

_____
_____
_____

کیانا ۲

- سوالاتی که در این کتابچه از شما پرسیده شده است سؤالات بسیار هوشمندانه ای بود که حتی خواندن و فکر کردن به آنها می تواند روی بهبود شخصیت ما ناآگاهانه تأثیر بگذارد.

- آیا این تغییرات را در همسر خود را نیز دیدید؟

بله ــــــــــ خیر ــــــــــ

چه تغییراتی

_____
_____
_____

- آیا گاهی احساس می کنید که شاید مادر و یا پدر کاملی نیستند؟

- چگونه می‌خواهید با آن احساس روبرو شوید و انرژی و مثبت اندیشی یک مادر و یا پدر را برگردانید، اقدامات خود را بنویسید:

_____
_____

- آیا از والد گری خود لذت می‌برید؟

بله ________ خیر ________

درست است که یادگیری شیوه‌های فرزند پروری بسیـار مهم است اما یادمان باشد که والدگری باید از قلب باشد. من به‌عنوان یک مادر اگر قرار اسـت، راهنمای خوبی برای فرزندم باشم تا او بتواند راهش را پیدا کند در درجه اول باید با قلب یک مادر یا پدر که سرشار از عـشق بدون شرط است این کار را انجام دهم.

این قلب است که شب‌های مریضی را تحمل می‌کند، این قلب است که ساعت ها جواب سؤالهای بی سر و ته کودک را می‌دهد و خسته نمی شود، این قلب است که دلـیل بی‌قراری‌ها را می‌فهمد و این قلب است که رابطه عمیق عاطفی را می‌فهمد و باعث می‌شود فرزند ما در تمام دوران زندگی راه بهتر را انتخاب کند چون باوجود چنیـن والدینی و چنین رابطه و دل‌بستگی امنی همیشه احساس مهم بودن و متعلق بودن را در قلبش دارد.

- نقاط قوت کودک خود را بربشمارید؟

- نقاط قوت خود را به‌عنوان یک والد بشمارید:

- نقاط قوت همسر خود را به‌عنوان یک والد بشمارید:

بخش دهم : سخن آخر

- سه نکته مهم که از این کتاب آموختید و به یاد دارید و بکار بسته‌اید را بنویسید:

۱-

۲-

۳-

لطفاً این سه نکته را به همراه عکس کودک خود در کنار کتاب "وقتی شیرین زبون شدی یا کیانا ۲" به صفحه اینستاگرام فرزندراه ارسال کنید. هرماه به سه نفر از منتخبین کتاب فرزند پروری ۶ تا ۱۲ سال هدیه داده می‌شود.

کیانا ۲

اطلاعات بسیار مفیدی در مورد حالات بیداری و خواب نوزادان در وب‌سایت فرزندراه موجود است که می‌توانید با اسکن این بارکد آن‌ها را بخوانید:

/http://farzandrah.com/state-of-consciousness

آیا تاکنون به این فکر کرده‌اید که به دوستانتان که مادر، پدر و یا به نوعی مربی کودک هستند، این کتابچه را به همراه کتاب "وقتی شیرین زبون شدی" هدیه دهید. می‌دانید که اگر کودک شما با کودکان دیگر همبازی است چه خوب خواهد بود که والدین آن کودکان هم با شیوه های برتر رفتارشناسی آشنا شوند. آنگاه رفتارهای ناهنجاری مانننده کتک زدن یا لجبازی باقی نخواهد ماند که کودک ما آن را بیاموزد.

با هم بزرگ شویم.

این صفحات جهت ثبت حالات کودکتان است.

- زمانی که هر کاری را برای اولین بار انجام داد.
- زمانی که با یک مشکل مواجه شدید و این مشکل چقدر زمان برد و برای آن مشکل چه راه‌حلی را پیش گرفتید.
- یادداشت‌هایی که ممکن است برای بچه دوم شما و یا بچه‌های دیگر مفید باشد
- کلماتی و جملات جالبی که برای اولین بار به زبان آورد؟
- بیماری‌هایی که کودکتان با آن‌ها روبرو شد؟ احساس شما؟
- علایقش، صداهایی که درمی‌آورد، عاداتش و بازی‌هایی که با او می‌کنید را بنویسید؟

اکنون که فرزندم ۱۳گحج ساله شده، بسیاری از این اتفاقات را فراموش کردم اما آرزو می‌کردم جزئیاتش را جایی نوشته بودم

تاریخ ------------

آثار دیگری از نغمه کشاورز:

تاریخ ----------------

تاریخ: ----------------

آثار دیگری از نغمه کشاورز:

تاریخ ---------------

تاریخ

آثار دیگری از نغمه کشاورز:

تاریخ ------------

تاریخ ————————

آثار دیگری از نغمه کشاورز:

تاریخ ----------------

تاریخ ------------------

آثار دیگری از نغمه کشاورز:

تاریخ ------------

تاریخ ----------------

آثار دیگری از نغمه کشاورز:

اگر مایل هستید در مدرسه فرزند پروری ما شرکت کنید، کافی است به این آدرس مراجعه کنید:

Farzandrah.ir

در قسمت محصولات " فرزند موفق – والدین خوشحال " را انتخاب کنید

در این محصول آموزشی می‌خوانید:

- چگونه فرزندانمان بدون دعوا و داد و غر زدن به ما گوش کنند.

- چگونه در خانه آرامش را برقرار کنیم. این محصول برای مادر و پدرهایی طراحی‌شده است که از دعوا و آشوب در خانه خسته شده‌اند از استرس اینکه چرا فرزندانشان با آن‌ها و دیگر خواهر برادرانشان سر قدرت دعوا دارند.

- در این دوره آموزشی یک سری استراتژی‌ها آموزش داده می‌شود ستون اصلی فرزند پروری است و برای همه بچه‌ها با هر خلق‌وخویی کاربرد دارد. به شما راهکارهای یک مادر قاطع مثبت بودن را آموزش می‌دهد.

- جلسات پرسش و پاسخ رایگان و عضویت در کانال تلگرام برای مادر و پدرانی که این دوره را تهیه می‌کنند، تدارک دیده شده است.

آثار دیگری از نغمه کشاورز:

کتاب وقتی شیرین زبون شدی
راهنمای مادران و پدرانی که کودکان ۳ تا ۶ سال دارند

کتاب وقتی به دنیا اومدی
راهنمای مادران و پدرانی که کودکان ۰ تا ۳ سال دارند

کیانا ۱
کتابچه یاداشت اقدامات، نظرات و احساسات والدین

این کتاب برای یک مکمل عالی برای کتاب وقتی به دنیا اومدی می باشد.

برای تهیه این آثار به نشریه اهل سخن در ایران و به سایت آمازون در خارج از ایران می توانید مراجعه کنید.